Arno Adelaars

ALLES ÜBER PSILOS

Handbuch der Zauberpilze

Dieses Buch ist meiner Mutter Wikkie gewidmet.

Nachtschatten Verlag
Kronengasse 11
CH-4500 Solothurn
E-Mail: info@nachtschatten.ch
www.nachtschatten.ch

6. überarbeitete und ergänzte Neuauflage 2023

Der Nachtschatten Verlag wird vom Bundesamt für Kultur mit einem Strukturbeitrag für die Jahre 2021–2024 unterstützt.

Übersetzung aus dem Niederländischen: Rowan Krischker, Amsterdam
Mit Textbeiträgen von Markus Berger (Monografie *Psilocybe germanica* u. a.)
Bildnachweis: soweit nicht anders vermerkt, stammen alle Illustrationen aus dem Archiv des Autors, von Christian Rätsch oder des Nachtschatten Verlags.
Seite 79: Jochen Gartz, Seite 104: Markus Berger.

Umschlaggestaltung: Sven Sannwald, Lüterkofen
Layout: Janine Warmbier, Hamburg
Lektorat: Pascale Breitenstein

Druck: Druckerei und Verlag Steinmeier, Deiningen
Printed in Germany
ISBN 978-3-907080-49-1

ALLES ÜBER PSILOS

Handbuch der Zauberpilze

INHALT

KOMM, WIR FLIEGEN, PILZ!
NEIN, ICH GEH ZU FUSS, PILZ!
RALF STUMPP 98

VORWORT ZUR ERSTEN AUFLAGE 1999

Noch keine zehn Jahre nach den Schlagzeilen um die Partydroge Ecstasy steht wieder ein bewusstseinsverändernder Stoff im Mittelpunkt. Diesmal ziehen keine wilden Parties und ein neuer Musikstil die Aufmerksamkeit der Medien auf sich; das Phänomenale an den Rauschpilzen ist, dass sie öffentlich in Smart Shops angeboten und verkauft werden.

Wie es dazu kam, dass der erste Smart Shop Hollands Rauschpilze feilbot, ist hier zu lesen, ebenso die wunderliche Geschichte von der Entdeckung eines lange geheimgehaltenen indianischen Rituals und über die Rolle, die die Rauschpilze am Anfang der Psychedelischen Revolution der sechziger Jahre spielten.

Weiter werden die Wirkung der Psilos im Körper, verschiedene Anwendungsmethoden und deren Risiken in diesem Buch behandelt. Nicht jedem ist die Anwendung psychedelischer Pilze in die Wiege gelegt. Im Gegensatz zu demjenigen anderer Mittel ist der von Zauberpilzen verursachte Rausch nicht immer angenehm. Nach den ersten Erfahrungen steht man früher oder später sich selbst gegenüber. Bemerkenswerterweise geben erfahrene Gebraucher an, dass gerade unangenehme Erfahrungen wie z.B. Selbstkonfrontationen und die daraus resultierenden Selbsteinsichten wichtige Gründe für die Einnahme von Rauschpilzen sein können.

Gegenwärtige politische Kontroversen können evtl. dazu führen, dass Psilos in Zukunft verboten werden. Um zu verhindern, dass Pilzliebhaber in dunkle Machenschaften und Schwarzhandel verwickelt werden, enthält dieses Buch außer einer Anleitung zum Anlegen einer eigenen Pilzzucht auch die Namen von verschiedenen Rauschpilzen, die in Europa vorkommen und von denen angenommen wird, dass sie die gleichen psychedelischen Stoffe enthalten wie die Exemplare, die in den Smart Shops verkauft werden.

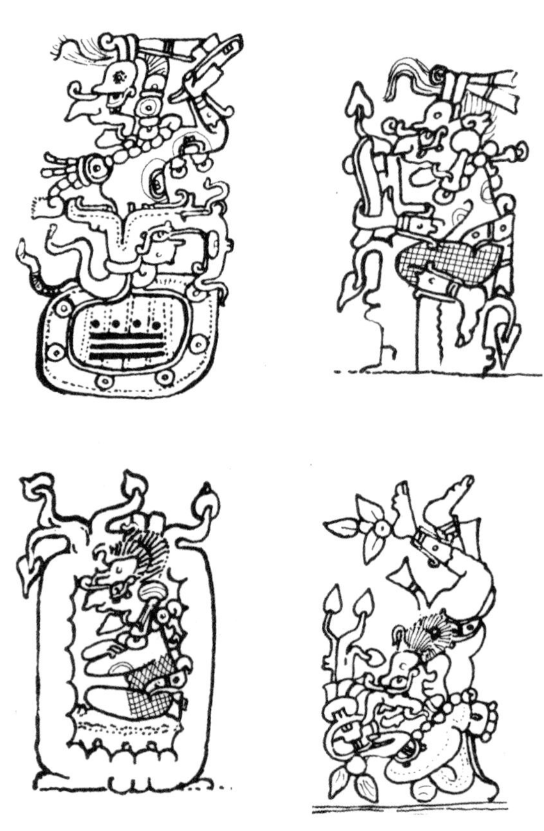

Mexikanische Gottheiten mit Pilzsymbolen
(Codex Dresdensis)

1 DIE ENTDECKUNG DER HEILIGEN ZAUBERPILZE IN MEXIKO

Pilze sind die Früchte eines Organismus, der unter dem Erdboden lebt. Dieses unterirdisch gedeihende Lebewesen wird Myzelium genannt. Sobald ein Pilz aus dem Boden wächst, verrät dieses Myzel seine Anwesenheit, ansonsten bleibt es genau so verborgen wie der mexikanische Kult um die Zauberpilze, der aus Angst vor den spanischen Eroberern vier Jahrhunderte lang geheimgehalten wurde.

Steinerne Statue eines Zauberpilzes. (Zeichnung: Sebastian Rätsch)

Es ist schwer zu sagen, wie weit der Kult um die Zauberpilze historisch zurückgeführt werden kann. Bei Ausgrabungen in Mexiko und Guatemala wurden Hunderte pilzförmiger Statuen gefunden, die Jahrtausende alt sind.
Seit der Entdeckung Mittel- und Südamerikas vor ungefähr 500 Jahren versuchen die Spanier, die Eingeborenen zum katholischen Glauben zu bekehren. Viele verschiedene Indianerstämme verehren heilige Pflanzen. In den Augen der spanischen Eroberer sind sie heidnische Götzenanbeter. Alles, was auch nur im geringsten mit Pilzen, Kakteen, Stechäpfeln oder anderen psychedelischen Pflanzen zu tun hat, muß verschwinden. Es darf nur einen Gott geben, und das ist der römisch-katholische. Mit allem anderen wird kurzer Prozeß gemacht, es wird in Stücke gerissen, zerhackt bzw. dem Erdboden gleichgemacht. Indianische Bücher werden verbrannt, Statuen zerstört, und unzähligen Eingeborenen wird das Leben geraubt, nur weil sie Heiden sind. Die Spanier halten alles schriftlich fest als Beweis für die primitive und unmenschliche Lebensart der Indianer.
Einer der ersten Europäer, der die Zauberpilze erwähnt, ist Bernardino de Sahagún, ein Franziskanermönch aus dem 16. Jahrhundert:

> Es gibt kleine schwarze Pilze, die sie *Nanácatl* nennen. Vor Sonnenaufgang essen sie die Pilze mit Honig. Sobald die Wirkung eintritt, fangen sie an zu tanzen, zu lachen oder zu heulen. (...) Manche erwecken den Anschein, tief in Gedanken versunken zu sein. Andere sehen sich selbst sterben; wieder andere glauben sich von einer wilden Bestie zerrissen, und manch einer bildet sich ein, bei einer Schlacht den Feind gefangenzunehmen. Andere wiederum glauben, dass ihnen zur Strafe für begangenen Ehebruch der Schädel eingeschlagen wird.[1]

Aus anderen spanischen Quellen des 16. Jahrhunderts geht hervor, dass bei der Krönungszeremonie zweier aztekischer Herrscher ein beträchtlicher Teil der Bevölkerung psychedelische Pilze zu sich nahm.
In Nahuatl, der Sprache, die bis heute von vielen Mexikanern indianischer Abstammung gesprochen wird, werden Rauschpilze *Teonanácatl* genannt, was frei übersetzt »das Fleisch der Götter« bedeutet.
Schon bald wird den Indianern klar, was sie ihren Eroberern zu verdanken haben. Der Kult um die Zauberpilze kann nur noch im verborgenen überleben. Weder den Folterqualen der Inquisition noch den Beichtstühlen der katholischen Kirche gelingt es, den Indianern auch nur ein Wort darüber zu entlocken. Mehr als vier Jahrhunderte lang wird der Zauberpilzkult vor den spanischen Unterdrückern geheimgehalten.
Mitte der dreißiger Jahre findet ein amerikanischer Student der botanischen Wissenschaften in einer Universitätsbibliothek ziemlich karge Information über Teonanácatl. Er heißt Richard Evans Schultes und ist der Urenkel deutscher Einwanderer, der erste seiner Familie, der an der Prestige-Universität Harvard in Cambridge, Massachusetts, zugelassen wird. Er ist gerade von einer Expedition zu den Kiowa-Indianern in Oklahoma zurückgekehrt. Im Sommer 1936 wohnte er

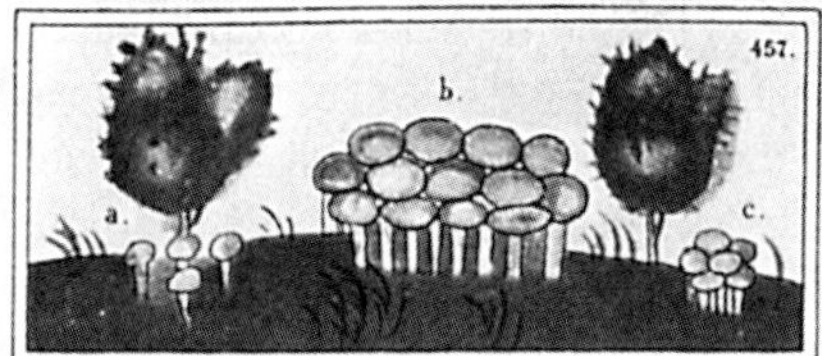

Illustrationen von Bernardino de Sahagún

religiösen Ritualen der »Native American Church« bei, bei denen der Konsum des meskalinhaltigen Peyotekaktus im Mittelpunkt steht.

Richard Schultes Interesse an den Rauschpilzen, die »das Fleisch der Götter« genannt werden, ist enorm. Als er jedoch versucht, mehr über diese Pilze in Erfahrung zu bringen, liest er, dass sie gar nicht existieren. Ein berühmter amerikanischer Botaniker verfaßte Anfang dieses Jahrhunderts einen wissenschaftlichen Artikel, in dem er behauptet, dass es sich bei der Entdeckung der Rauschpilze nur um ein Mißverständnis handeln konnte. Offensichtlich haben die spanischen Chronisten aus dem 16. Jahrhundert den Zauberpilz mit einem getrockneten Peyotekaktus verwechselt, schrieb der amerikanische Botaniker Safford. Wie wäre es sonst möglich, dass 400 Jahre Nachforschungen vor Ort erfolglos blieben? Safford meint, dass die spanischen Chronikverfasser aus dem 16. Jahrhundert keine Pilzkenner waren und die Eingeborenen lediglich primitive, zurückgebliebene Wilde, die sowieso keine Ahnung hatten.

Der junge Richard Schultes ist von Saffords Argumenten nicht überzeugt. Er hat gerade mit eigenen Augen gesehen, wie umfassend und detailliert das botanische Wissen der Kiowas ist. Kakteen mit Pilzen verwechseln? Schultes ist ein Botaniker in Ausbildung, also noch keine Autorität, aber er hat bis vor kurzem Tausende getrockneter Kakteen gesehen, und keine einzige davon sieht einem Pilz auch nur im geringsten ähnlich.

Das Glück ist ihm hold: Während er im Universitätskräutergarten Proben getrockneter Kakteen für seine Arbeit über die »Native American Church« vergleicht, findet er einen Brief an einer dieser Proben. 1923 schrieb Blas Pablo Reko aus Guadalajara (Mexiko) an Saffords Nachfolger:

Übrigens entnehme ich Ihrer Beschreibung der *Lophophora* (wissenschaftliche Bezeichnung des Peyotekaktus), dass Dr. Safford hier den *Teonanácatl* von Sahagún meint. Das ist jedoch gänzlich falsch. Tatsächlich handelt es sich, wie von Sahagún beschrieben, um eine Pilzart, die auf Misthaufen gedeiht und die noch immer unter ihrem ursprünglichen Namen von den Indianern der Sierra Juarey in Oaxaca bei religiösen Ritualen benutzt wird.[2]

In aller Eile verfaßt Richard Schultes einen Brief an Blas Pablo Reko; daraus enwickelt sich eine Korrespondenz, mit der er ab und zu ein paar Rauschpilze zugesandt bekommt. Diese sind jedoch in so schlechtem Zustand, dass Schultes die Spezies nur mit großer Mühe identifizieren kann. Die Überbleibsel lassen sich noch am ehesten mit der Panaeolus-Familie vergleichen.

Fest entschlossen, das Geheimnis der Zauberpilze zu entschleiern, fahren Blas Pablo Reko und Schultes im Sommer 1938 mit dem Bus nach Mexiko. Nach wochenlanger Reise, oft unter erbärmlichen Umständen, erreichen die beiden Weissen das Dorf Huautla de Jiménez in der Provinz Oaxaca. Reko bringt Schultes mit einem mazatekischen Händler, dem Eigentümer des größten Ladens im Dorf, einem angesehenen Mann, in Kontakt. Dieser berichtet, einem Ritual beigewohnt, selbst aber keine Zauberpilze eingenommen zu haben. Er ist davon überzeugt, dass diese Zauberpilze ein Geschenk Jesu seien, da es in seinem Dorf weder Medizin noch Ärzte gibt.

Eunice Pike, eine junge Amerikanerin, die die Eingeborenen zum Evangelium bekehren will, kann Schultes ein bißchen mehr über die Rauschpilze erzählen. Sie lebt bereits ein paar Jahre bei den Mazateken und hat einmal versucht, einer jungen Indianerin zu erklären, was der Himmel ist:

Ich sagte, es sei ein sehr schöner Ort, ein Ort ohne Tränen. Die Indianerin fragte, ob ich schon einmal dort gewesen wäre. Verneinend erklärte ich ihr, dass nur die Toten den Himmel kannten. Traurig blickte sie mich an, meinte, sie hätte Mitleid mit mir, und lief – den Tränen nahe – weg.

»Eigenartig«, meinte Schultes.

»Erst danach wurde mir bewußt, dass die Mazateken behaupten, sie seien schon mal im Himmel gewesen.«

»Mit Hilfe der Zauberpilze?«

»Ja, sie glauben, dass Jesus durch die Zauberpilze zu ihnen spricht und dass die Visionen Botschaften Gottes sind. Wie nannten Sie sie?«

»Teonanácatl«, sagte Schultes, »manche glauben, dass es ‚Fleisch der Götter' bedeutet.«

»Im Mazatekischen haben die Zauberpilze verschiedene Namen. Einen können Sie direkt mit ‚Die kleinen Heiligen' übersetzen.«

»Haben Sie sie jemals mit eigenen Augen gesehen?«

Sie verneinte.

»Wie wirken sie? Was berichten die Menschen darüber?«

Sie blickte in seine Augen und sagte nichts. Resignierend seufzte sie: »Es sind Dinge, von denen wir keine Ahnung haben. Das Christentum ist wie eine Lage dünnen Firns über dem Leben dieser Menschen. Nachts höre ich sie singen, sie fangen immer mit dem Vaterunser an. Meine Vorgängerin behauptet, das Herz Christi zu haben und die Tochter der Heiligen Jungfrau Maria zu sein. Im nächsten Augenblick jedoch ist sie die Tochter des Mondes und der Sterne, die Schlangen- oder Vogelfrau oder etwas anderes.«

Sie lachte sanft.

»Stört Sie das nicht?«, fragte Schultes.

»Ja, natürlich«, sagte sie. »Oder eigentlich nicht. Warum sollte es mich stören? Als ich zum ersten Mal hierher kam, habe ich mich bei einem alten Mann über den Kult der Zauberpilze beschwert. Wissen Sie, was er mir erwiderte?«

»Nein«, lächelte Schultes.

»Er meinte: ,Was soll ich denn machen? Ich muss den Willen Gottes kennen und kann nicht lesen.'«[3]

Trotz aller Mühe gelingt es Schultes nicht, an einem Ritual teilzunehmen. Er spricht nur wenig Spanisch – und hat damit viel mit den meisten Mazateken gemeinsam.

Der Zufall will es, dass zur gleichen Zeit auch eine andere Gruppe unterwegs ist, um den Kult der Zauberpilze zu erforschen. Irmgard Weitlaner, der Tochter eines österreichischen Indianerspezialisten, und ihrem zukünftigen Ehemann, Jean Basset Johnson, gelingt es, einem Ritual beizuwohnen. Während dieses Rituals nimmt jedoch nur der Medizinmann Zauberpilze zu sich. Der Patient und dessen Familie, die um dieses Ritual gebeten haben, bekommen keine Pilze, ebensowenig die Europäer. 1939 verfasst Jean Basset Johnson zwei wissenschaftliche Artikel über das Ritual und dessen zugrundeliegende Glaubenssysteme.[4] Später treffen die beiden Gruppen einander wieder und tauschen Erfahrungen aus.

Schultes hat mehr Glück beim Sammeln der mysteriösen *Teonanácatl*. Es gelingt ihm, ein Exemplar nach Harvard mitzunehmen und dieses wissenschaftlich zu identifizieren. 1939 wird der *Panaeolus sphrinctrinus* zum ersten Mal in der wissenschaftlichen Literatur unter dem Titel *The Identification of Teonanácatl, a Narcotic Basidiomycete of the Aztecs* erwähnt. Der Artikel schlägt nicht wie eine Bombe ein, der Zweite Weltkrieg ist nämlich auf dem Vormarsch. Richard Schultes kehrt nicht nach Mexiko zurück. Er schätzt die politische Lage korrekt ein und bereitet sich auf eine Expedition in den Dschungel des Amazonasgebietes vor, wo er insgesamt zwölf Jahre verbringt, mindestens 300 unbekannte Pflanzen entdeckt und für die US-Regierung Untersuchungen über Kautschuk vornimmt.

PILZLIEBHABER UND PILZFEINDE

R. Gordon Wasson, dem Vizepräsidenten der amerikanischen Handelsbank J. P. Morgan & Co., kommt die Ehre zu, als erster Weißer bei einer Velada, einem nächtlichen Zauberpilzritual, Psilos einzunehmen. Obwohl Wasson ein Bankier und Journalist, kein Mykologe oder Botaniker ist, steht sein ganzes Leben im Bann der Rauschpilze. Der Grund für diese lebenslange Faszination ist ein bizarrer Vorfall, der sich während seiner Flitterwochen ereignete. 1926 heiraten die Kinderärztin Valentina Pavlovna und Gordon Wasson. Während einer Wanderung durch die Natur stößt das junge Paar auf eine Weide mit Pilzen. Die Jungverheirateten reagieren total verschieden. Valentina sammelt begeistert Pilze, während Gordon den widerwärtigen Objekten Blicke voller Abscheu zuwirft, in der Annahme, in Kürze zum Witwer befördert zu werden. Zu Hause bereitet Valentina ein herrliches Mahl. Gordon nimmt keinen einzigen Bissen zu sich. Sie wundern sich über ihre gegensätzliche Reaktion.

Nach längerem Hin und Her entwickeln sie die Theorie, die die Weltbevölkerung in Mykophile und Mykophobe einteilt. Die Hälfte der Weltbevölkerung hat Angst vor Pilzen, die andere Hälfte liebt Pilze. Faszination oder Abscheu sind vom kulturellen Hintergrund abhängig. Gordon Wasson, mit angelsächsischem Hintergrund, gehört deutlich zu den Mykophoben. Seine russische Frau Valentina, eine Slavin, ist eine Mykophile, d.h. eine Pilzliebhaberin.

Die Verblüffung des Ehepaares über ihre unterschiedliche Reaktion mündet in einem gemeinsamen Projekt. Sie wollen ein Buch über die russische Küche schreiben. Darin soll die Zubereitung von Pilzen, einschließlich Rezepten und einer Beschreibung aller eßbaren Pilze, vorkommen. Beim Sammeln des Materials für ihr Projekt stossen die Wassons immer wieder darauf, wie unterschiedlich Menschen Pilzen gegenüberstehen. Alle Völker dieser Erde sind entweder in das eine oder andere Lager einzuteilen. Was sind die tieferliegenden Gründe dieser Kluft zwischen Mykophilen und Mykophoben? Die Wassons sind davon überzeugt, dass dabei eine vergessene Wahrheit von größter Wichtigkeit ist.[5] Als das Ehepaar im September 1952 zwei Briefe erhält, verschwindet das Kochbuch im Hintergrund. Einer der Briefe ist von einem Freund der Wassons, vom Dichter Robert Graves, der andere von einem italienischen Verleger, mit dem das Ehepaar wegen seines Kochbuchs Kontakt aufgenommen hatte. Beide Briefe enthalten die gleiche Botschaft: dass aller Wahrscheinlichkeit nach noch immer ein Zauberpilzkult in Mexiko existiert.

Die Wassons nehmen Kontakt mit dem Botanischen Museum der Harvard-Universität auf. Richard Evan Schultes sendet den Wassons seinen 1939 veröffentlichten Artikel über die heiligen mexikanischen Zauberpilze und fügt die Adresse des Mannes hinzu, mit dem er in Huautla de Jiménez gewesen ist: Blas Pablo Reko.

1953 organisieren die Wassons auf eigene Faust ihre erste Pilzexpedition in das Dörfchen, das in der Provinz Oaxaca liegt. Es folgen acht Expeditionen, bis endlich im Sommer 1955 sich das Glück der Wassons erbarmt.

EINE UNVERGESSLICHE NACHT

Am 29. Juni 1955 trifft Gordon Wasson im Dorf Huautla de Jiménez den mazatekischen Indianer Cayetano Garcia Mendoza, der im Gemeindehaus von Huautla arbeitet. Wasson fragt ihn: »Können Sie mir helfen, das Geheimnis der Heiligen Zauberpilze kennenzulernen?« Zu seiner großen Überraschung antwortet der Indianer: »Nichts leichter als das.« Am Abend nimmt Mendoza den Amerikaner mit zu sich nach Hause. Gemeinsam pflücken sie Rauschpilze. In den späten Abendstunden geleitet Mendoza Wasson in die Lehmhütte einer *Curandera*, einer Medizinfrau.

Wie sich herausstellt, heißt die Medizinfrau Maria Sabina, außer ihr befinden sich noch 20 andere Teilnehmer in der Hütte. Wasson und sein Fotograf sind die einzigen Weißen und bekommen je ein Dutzend Zauberpilze zugeteilt. Maria Sabina nimmt die doppelte Menge. Wasson will sich durch die Wirkung der Pilze nicht überwältigen lassen, so dass er sich später so genau wie möglich erinnern kann, was passiert. Es bleibt bei der Hoffnung. Je weiter die Nacht fortschreitet, desto intensiver werden seine Erlebnisse. Er sieht mit Juwelen verzierte Paläste, Gärten und ein mythologisches Wesen, das eine fürstliche Kutsche zieht. Kurz danach scheinen die Lehmmauern der Hütte zu verschwinden, und er glaubt, durch die Luft zu fliegen. Er sieht, wie sich die Erde unter ihm dreht, und beobachtet eine Kamelkarawane, die langsam einen Berg besteigt.

Sechs Tage später nimmt Wasson mit seiner Frau und seiner siebzehnjährigen Tochter Zauberpilze. Es ist das erste Mal, dass Weiße diese Pilze außerhalb eines indianischen Rituals zu sich nehmen. Wieder hat er vergleichbare Visionen und erneut fällt ihm auf, wie deutlich die Bilder sind. Er hat das Gefühl, dass seine Wahrnehmungen verglichen zum Alltag schärfer sind. Er stellt sich die Frage: »Sind diese Zauberpilze das geheime Sakrament der alten Mysterien? Sind die Rauschpilze der Grundstein aller Religionen?«

Gordon Wasson versucht während des Rests seines Lebens, diese Fragen zu beantworten. Auf der Suche nach Antworten findet er immer mehr. Ein Jahr nach seiner ersten Erfahrung mit magischen Pilzen kehrt Wasson nach Mexiko zurück, diesmal in Begleitung des berühmten französischen Pilzkundigen Professor Roger Heim. Es gelingt Wasson und Heim, sieben verschiedene Sorten Rauschpilze zu identifizieren, die Visionen verursachen. Professor Heim entnimmt Pilzsporen. Wieder in Paris, gelingt es ihm, zwei Arten Rauschpilze künstlich zu kultivieren. Eine Art davon steht momentan im Mittelpunkt des Interesses, nämlich *Psilocybe cubensis*, die in den Smart Shops »Mexikaner« genannt wird.

Inzwischen schreibt man das Jahr 1957. Während die erste künstliche Kultivierung dieses speziellen Rauschpilzes fruchtbare Resultate ergibt, erscheint in der beliebten amerikanischen Zeitschrift »Life« eine lange Reportage aus der Feder Gordon Wassons. *Seeking the Magic Mushroom* (Auf der Suche nach dem Zauberpilz) lautet der Titel dieser vorbildlichen journalistischen Arbeit, die mit Fotos der nächtlichen Zeremonie unter der Leitung von Maria Sabina und aquarellierten Darstellungen sieben verschiedener Rauschpilze versehen ist.[6] In diesen Tagen ist »Life« wortwörtlich eine Weltzeitschrift. Das Fernsehen steckt noch in den Kinderschuhen und spielt bei den Nachrichten noch keine Rolle. »Life« wird weltweit ausgegeben und erscheint außer in englischer auch in spanischer Sprache. Nach dem Druck dieser Ausgabe ist der Zauberpilzkult der Mazateken nicht länger geheim. Die ganze Welt weiß davon.

Viele Wissenschaftler wollen herausfinden, welcher Stoff die Visionen hervorruft. Roger Heim sendet 100 Gramm seiner selbstgezüchteten Rauschpilze an den Schweizer Chemiker Albert Hofmann, der als Angestellter beim Arzneimittelkonzern Sandoz in Basel arbeitet. Albert Hofmann genießt Ende der fünfziger Jahre den Ruf als Erfinder eines Stoffes im wissenschaftlichen Raum, der in therapeutischen Experimenten gebraucht wird: LSD. Aufgrund seiner Erfahrung mit dem Synthetisieren von LSD ist es für Hofmann nicht weiter problematisch, die wirksamen Substanzen der Psilos zu isolieren. Er nennt sie Psilocybin und Psilocin. Innerhalb kürzester Zeit gelingt es Hofmann, diese Substanzen rein chemisch herzustellen.

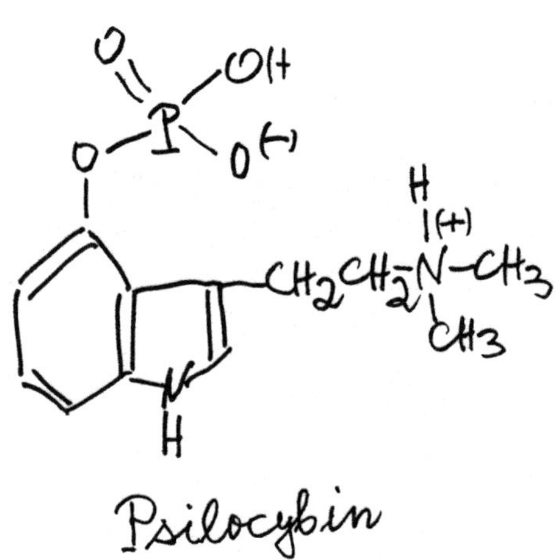

Die chemische Struktur des Psilocybins
in Albert Hofmanns Handschrift.

Der Grund, warum Hofmann im Gegensatz zu anderen Forschern Erfolg hat, liegt an der unterschiedlichen Arbeitsmethode. Hofmann konsumiert die Rauschpilze selbst, um herauszufinden, ob sich wirksame Substanzen darin befinden. Andere Forscher testen Psilos an Hunden, bei denen jedoch keine Reaktion sichtbar ist. Wie kann man bei einem Hund mit Sicherheit feststellen, ob er halluziniert oder nicht?
Hofmanns Arbeitgeber Sandoz produziert eine beachtliche Menge synthetischen Psilocybins (2 kg) und sendet es an verschiedene Wissenschaftler auf der ganzen Welt.

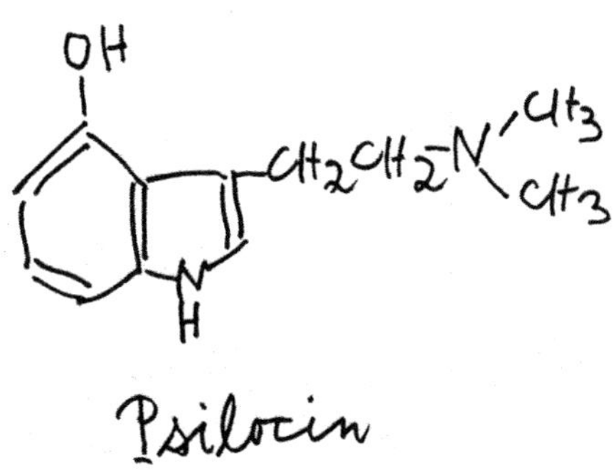

Die chemische Struktur des Psilocins
in Albert Hofmanns Handschrift.

Der 1996 verstorbene Dr. Timothy Leary, der Vater der Theorie von Dosis, Set und Setting, war einer der bedeutendsten Pioniere der modernen Bewusstseinsforschung und der transpersonalen Psychologie. Man hat ihm fälschlicherweise vorgeworfen, dass er den Missbrauch von LSD gefördert hätte. Er war jedoch der erste, der – zusammen mit seinen Assistenten Dr. Richard Alpert = Ram Dass) und Dr. Ralph Metzner – bereits 1962 ein Handbuch für sinnvolle Reisen und Experimente mit Psychedelika publizierte.
(Foto: Tom Ruddock, aufgenommen in Learys Wohnzimmer, Beverly Hills, Mai 1995)

2 DIE ERSTE PSYCHEDELISCHE WELLE

1953, zwei Jahre vor der Entdeckung des Zauberpilzkultes in Mexiko, konsumiert der englische Philosoph und Schreiber Aldous Huxley Meskalin. Er schildert seine Erfahrungen in dem himmelsstürmenden Buch *The Doors of Perception* (Die Pforten der Wahrnehmung), das zum Handbuch der Hippiegeneration in den Sechzigern avanciert. Die berühmt-berüchtigte Band »The Doors« nennt sich nach Huxleys Buch.

Meskalin ist der wirksame Stoff des Peyotekaktus (*Lophophora williamsii*). So wie die Zauberpilze den Mazateken und anderen Indianerstämmen in Südamerika heilig sind, wird der Peyotekaktus von einigen nordmexikanischen Indianerstämmen wie z.B. den Huichol und den Tarahumara verehrt. Der Peyotekaktus ist das Sakrament der Glaubensgemeinschaft der Indianer Nordamerikas, der »Native American Church«.

1960 befindet sich Huxley in der amerikanischen Universitätsstadt Cambridge, die zwei der besten Universitäten der Vereinigten Staaten beherbergt: Harvard und MIT (Massachusetts Institute of Technology). Der Autor wird gebeten, einige Gastvorlesungen am MIT zu geben. Während seines Aufenthalts in Cambridge macht er die Bekanntschaft verschiedener amerikanischer Wissenschaftler, darunter der junge Harvard-Psychologe Timothy Leary. Leary hat »The Doors of Perception« und den Artikel Gordon Wassons in »Life« über den mexikanischen Zauberpilzkult gelesen. Während eines Ferienaufenthaltes in Mexiko hat er am Rand eines Schwimmbads Rauschpilze genommen, die ihm, nach eigenen Worten, »die tiefste religiöse Erfahrung« seines Lebens ermöglicht haben:

> Wow! In sechs Stunden habe ich mehr gelernt als in den letzten 16 Jahren!
> Visuelle Veränderung der Gedanken. Verschwunden war die sinnesorganische Maschinerie, die den Blick auf unsere Wirklichkeit vollstopft;
> Intuitive Veränderung der Gedanken. Verschwunden war die mentale Maschinerie, die die Welt in Abstraktionen und Konzepte einteilt;
> Emotionelle Veränderung der Gedanken. Verschwunden war die emotionelle Maschinerie, die unser Leben mit Ambitionen und Verlangen füllt.[7]

Die Zauberpilze verändern Timothy Learys Leben. Der früher mehr theoretisch orientierte Psychologe wird ein inspirierender Pionier, der die Anwendungsmöglichkeiten der »Magic Mushrooms« erforscht. Bald kommt Leary zu Ohren, dass es synthetisch hergestelltes Psilocybin gibt, das der Schweizer Arzneimittelkonzern Sandoz verschiedenen Wissenschaftlern auf Anfrage übersendet. Sofort beantragt er das synthetische Psilocybin und beginnt mit einer Reihe von Experimenten. Gefängnisinsassen, Alkoholiker und Studenten bekommen von Timothy Leary und seinem Team synthetisches Psilocybin verabreicht.
Aldous Huxley ist von Learys Eifer tief beeindruckt. Alles spricht für ihn: Er ist charmant, inspirierend und außerdem auch mit Harvard verbunden, der elitärsten Universität des mächtigsten Landes der Erde. Leary passt perfekt in Huxleys Bild. Der englische Autor ist davon überzeugt, dass psychedelische Mittel in der nahen Zukunft eine wichtige Rolle spielen werden. Eines Abends liegen Huxley und Leary unter dem Einfluß synthetischen Psilocybins vor einem Kaminfeuer. Sie diskutieren darüber, wie man den Begriff »Bewusstseinserweiterung« kühlen Rechnern wirtschaftlicher Unternehmen und der amerikanischen Obrigkeit erklären könnte.
»Beeinflussen der Elite. Der künstlerischen, der intellektuellen und der wirtschaftlichen Elite. Alles, was wir an Kultur, Schönheit und philosophischer Freiheit kennen, ist durch die Elite zu uns gekommen.« Huxley legt Leary ans Herz, seine Arbeit innerhalb des wissenschaftlichen Modells fortzusetzen und zugleich Vorsicht walten zu lassen. »Mächtige werden mit allen Mitteln versuchen, diese Experimente zu beenden.«[8]
Zuerst folgt Leary Aldous Huxleys Rat. Die ersten Ergebnisse ermutigen. Kriminelle Insassen einer Jugendstrafanstalt bekommen als Teil ihrer Therapie zweimal Psilocybin verabreicht. Laut Statistik werden 63% der Gefangenen nach Absitzen ihrer Strafe rückfällig und landen so erneut im Bau. Bei den mit Psilocybin behandelten Gefangenen scheint nur jeder Vierte ein Wiederholungstäter zu sein. Als Nebenwirkung fällt auf, dass die Gefangenen religiöse Gedanken wörtlich ausdrücken.
1963 erfahren während eines Experiments 70% von 177 gesunden Menschen die Wirkung als angenehm und ekstatisch, 88% behaupten, etwas gelernt zu haben, 62% sind davon überzeugt, dass Psilocybin ihr Leben positiv verändert hat, und 90% möchten die Erfahrung wiederholen.[9]

TRIPPEN STEHT AUF DEM STUNDENPLAN DES PROFESSORS

Außer oben genanntem Experiment wird Psilocybin von vielen Studenten auf eine Art und Weise benutzt, die wir uns heutzutage nur schwer vorstellen können. Richard Platek war einer der Studenten. 1960 war er 20 Jahre alt:

Ich studierte Mathematik am MIT. 1960 kam mein Lieblingsautor Aldous Huxley nach Cambridge, um ein Semester lang Gastvorlesungen zu geben. Huxleys Gastherr am MIT war Huston Smith, Professor asiatischer Religionen. Huston Smith war ein fantastischer Lehrer, der außer großem theoretischem Wissen vor allem aus eigener Erfahrung sprach. Er studierte Zen-Buddhismus in einem Kloster in Japan und fing an der Grenze Tibets Flüchtlinge auf. Er war einer der ersten, die ich kennenlernte, die Religion und Mystik ernst nahmen. Manchmal fragen Leute, warum Leary sich mit dem Tibetanischen Totenbuch, dem I Ching und dem Hinduismus beschäftigte. Das kam alles durch den Einfluß Huston Smiths, dem Professor asiatischer Religionen. Smiths Leben drehte sich um Religion, und er beeinflußte unweigerlich jeden in seiner unmittelbaren Umgebung.

Huston Smith nahm selbst an den Psilocybin-Experimenten teil und sorgte dafür, dass auch ich an den Sitzungen teilnehmen durfte. Bevor es jedoch soweit war, folgte ich allen Vorlesungen mit Bezug auf die Psilocybin-Experimente. Ich ließ mir ausführlich erklären, wie die psychedelischen Stoffe wirkten. Im Mai 1961 nahm ich im Hause Huston Smiths zum ersten Mal Psilocybin. Man könnte sagen, dass ich voll froher Erwartung war. In diesen Tagen war nichts Verbotenes oder Geheimnisvolles dran. Ich tat, was mein Professor von mir erwartete. Ich sollte die Wirkung des Psilocybins testen. Ich übertrat kein Gesetz und schämte mich auch nicht dafür. Ich hatte keine Angst vor der psychedelischen Erfahrung, ich lebte in einer Zeit, in der keine *Bad Trips* vorkamen. Im Gegenteil, ich fühlte mich sehr geschmeichelt, dass der Professor selbst meinen Trip überwachte.

In der freien akademischen Atmosphäre anfangs der sechziger Jahre wurden Experimente durchgeführt, auf die heute noch immer zurückgegriffen wird. Ein paar Jahre danach konnten diese Experimente nicht mehr wiederholt werden, weil sich das politische Klima gegenüber Drogen verändert hatte.

ES WAR EINMAL AN EINEM SCHÖNEN KARFREITAG

In einem vieldiskutierten Experiment bekommen zwanzig Theologiestudenten eine Substanz verabreicht. Dieses Experiment findet 1962 am Karfreitag in einer Kapelle statt, in der eine Ostermesse abgehalten wird. Weder den Probanden noch ihren Begleitern ist bekannt, was sie einnehmen. Zehn Studenten bekommen Psilocybin, zehn andere erhalten ein Placebo (eine Substanz ohne wirksame Bestandteile). Eine Stunde nach der Einnahme wird der Unterschied zwischen den Probanden deutlich. Diejenigen, die das Placebo eingenommen haben, lauschen andächtig der Messe, die andere Hälfte der Probanden beschäftigt sich anderweitig. Manche liegen stöhnend auf den Bänken, andere sind von den Ornamenten und Abbildungen in der Kapelle fasziniert und einer läßt seinen Fingern im Spiel auf der Orgel freien Lauf.

Bei diesem Experiment dreht es sich darum herauszufinden, ob Psilocybin eine mystisch-religiöse Erfahrung verursacht, und dies scheint auch tatsächlich so zu sein: Neun von zehn Probanden hatten tiefe religiöse Erfahrungen. Aus der Kontrollgruppe, die das Placebo erhielt, hat lediglich ein Student »etwas gemerkt«, das in weitester Ferne als spirituelle Erfahrung gedeutet werden könnte.

Seit der Durchführung seiner Psilocybin-Experimente wird Leary von einem Kreis von Gleichgesinnten und Anhängern umringt. Die rein wissenschaftliche Arbeit, für die er ursprünglich angestellt wurde, wird mehr und mehr durch Experimente ohne wissenschaftliches Protokoll ersetzt. Es werden z.B. Psilocybin-Parties für den Jetset abgehalten anstelle von Untersuchungen bei Gefängnisinsassen und Alkoholikern. Die religiösen Erfahrungen, die beim Gebrauch der wirksamen Substanzen der Rauschpilze auftreten, bringen Leary nach einiger Zeit auf den göttlichen Pfad. Er ist der Prophet eines neuen Glaubens und hat eine Botschaft für ein neues Zeitalter, in dessen Mittelpunkt der Konsum von Psychedelika steht.

Wäre es nur dabei geblieben, wäre Leary entlassen worden, und niemand hätte jemals wieder von ihm gehört. Viele seiner Studenten und eine Anzahl seiner Kollegen sind jedoch von Learys Rolle als Messias überzeugt. Leary zeigt sich nicht besonders beeindruckt, als die Direktion der Psychologiefakultät Harvard die Psilocybin-Experimente stoppt und die wirksamen Substanzen hinter Schloss und Riegel verschwinden läßt. Leary hatte inzwischen einen Besucher, der ihm ein mit LSD gefülltes Marmeladenglas überreichte. Leary benötigt das Psilocybin nicht mehr. Seine Entlassung von der Universität kommt ihm bei näherem Betrachten ganz gelegen. Jetzt kann er sich nämlich auf wirklich wichtige Angelegenheiten wie z.B. die psychedelische Revolution konzentrieren.

Während Leary sehr mit seiner selbsterwählten Mission beschäftigt ist, besucht Gordon Wasson erneut die mazatekische Medizinfrau Maria Sabina, diesmal in Gesellschaft Albert Hofmanns. Der Schweizer Chemiker gibt Maria zum Test synthetische Psilocybin-Tabletten. Die Indianerin bestätigt, was Hunderte von Versuchskaninchen schon wissen: Der Geist der Zauberpilze befindet sich auch in Albert Hofmanns Pillen.

Lang war man davon überzeugt, dass nur mexikanische Zauberpilze Psilocybin und Psilocin enthalten. 1963 veröffentlichen der französische Pilzkundige Prof. Roger Heim und Albert Hofmann jedoch einen Artikel, in dem kleine braune Pilze mit der wissenschaftlichen Bezeichnung *Psilocybe semilanceata* beschrieben werden, die genauso wirksam sind wie ihre mexikanischen Bundesgenossen. Das Verbreitungsgebiet dieser magischen Pilze ist enorm. Mit Ausnahme der Antarktis scheinen diese Rauschpilze auf jedem Kontinent der Erde zu gedeihen. Auch Deutschland, Österreich, die Schweiz und die Niederlande gehören zu den Gebieten, in denen sie vorkommen. Seit Jahr und Tag ist der *Psilocybe semilanceata* hier als der »Spitzkegelige Kahlkopf« bekannt.

PILGERNDE HIPPIES

Langsam dringt die Neuigkeit über die kleinen braunen Pilze auch zu dem Teil der amerikanischen Jugend durch, der sich Timothy Learys psychedelischer Revolution angeschlossen hat und davon überzeugt ist, dass psychedelische Pilze nur in Mexiko wachsen. Das Dörfchen Huautla de Jiménez und die bescheidene Hütte Maria Sabinas werden immer mehr von Gringos belagert, die die besondere Wirkung der Zauberpilze erfahren wollen. Gordon Wassons Artikel in »Life« verursacht ein nicht enden wollendes Interesse. Obwohl er Maria Sabina »Eva Méndez« genannt hat und in seinem Artikel über Mixteken anstelle der Mazateken berichtete, sind Huautla de Jiménez und Maria Sabina jahrelang das Ziel zahlreicher pilgernder Hippies.

Maria Sabina ist eine echte *Curandera* und gewährt jedem eine Konsultation. Sie ist arm, verlangt jedoch kein Geld für ihre Dienste. Wenn die Mazateken krank sind, hoffen sie darauf, dass Maria Sabina mit Hilfe der Zauberpilze herausfinden

Maria Sabina

kann, was ihnen fehlt. Für Maria ist es sehr ungewöhnlich, dass andere Menschen Rauschpilze einnehmen, um zu trippen. Nach ihren eigenen Worten nehmen diese Menschen Psilos, um »Gott zu sehen«.
Der Zulauf der Hippies nimmt Mitte der sechziger Jahre solche Ausmaße an, dass in Huautla de Jiménez ein neuer und gewinnbringender Beruf entsteht, der des »Touristencuranderos«. Der Zauberpilzkult, der jahrhundertelang nur im Untergrund bestehen und nur so den katholischen Verfolgern entkommen konnte, wird nun zum Objekt einer ordinären Souvenirindustrie in einer der ärmsten Regionen Mexikos.
Maria Sabina erwähnt gegenüber ihrem Biografen Alvaro Estrada:

> Bevor Wasson kam, hatte ich das Gefühl, dass die Kleinen Heiligen (die Zauberpilze) mich emporhoben.
> Jetzt fühle ich dies nicht mehr. Ihre Kraft hat abgenommen (...) Seit dem Auftauchen der Fremdlinge haben die Zauberpilze ihre Reinheit und ihre Kraft verloren. Sie beginnen zu verschwinden, sich aufzulösen. Seitdem wirken sie nicht mehr.[10]

Während sich die traditionelle Anwendung der Rauschpilze auf das Heilen von Kranken beschränkt und von vielen Tabus umgeben ist, entwickeln Touristen und Touristencuranderos ihre eigenen Ideen. Manchmal nehmen die Gringos sogar tagsüber Rauschpilze und laufen dann trippend durch die Straßen von Huautla de Jiménez. Nicht nur die amerikanischen Hippies erregen Aufsehen, auch die Sprößlinge reicher Mexikaner und kriminelle Jugendliche machen das Dorf unsicher.
1967 findet die mexikanische Regierung, dass die Situation außer Kontrolle gerät. Eine Garnison der mexikanischen Armee wird im Dorf stationiert. Voll beladene Busse mit Rauschpilz-Touristen werden direkt zur Umkehr gezwungen. Maria Sabina kommt sogar eine Zeitlang hinter Gitter. Erst Mitte der siebziger Jahre kehrt die Ruhe im Dorf Huautla de Jiménez wieder ein.

Es wird aber nie wieder wie vorher sein. Heutzutage sind Pilze auch den Mazateken nur für ihre eigenen Veladas heilig. Für alle Außenseiter sind sie lediglich ein Geschäft. Die Bildnis von Maria Sabina und ihren Pilzen steht weltweit als Symbol für die Mazateken. Das aus gerade 20 000 Menschen bestehende Volk leistet keinen Widerstand gegen diese globalisierte Andacht. Maria Sabina hatte Recht. Für die Mazateken haben die Pilze ihre Kraft verloren. Dafür haben wir sie bekommen.

ANMERKUNG: Fraudee, Paja, Tales from the Land of Magic Plants: Textual Ideologies and Fetishes of Indigeneity in Mexico's Sierra Mazateca, in: Comparative Studies in Society and History 2015;57(3): 838-869.

KULTIVIERTE RAUSCHPILZE

Heutzutage muss man für Rauschpilze nicht mehr bis nach Mexiko reisen. Seit der Entdeckung der psychedelischen Eigenschaften des Spitzkegeligen Kahlkopfes im Jahre 1963, der mykologisch schon lange, aber nur als »wertlos« bekannt war, wurden auch andere Zauberpilze aus der Psilocybin-Familie bekannt. In Nordamerika gedeihen Arten, die sich in der Stärke nicht vor ihren mexikanischen Brüdern verstecken müssen. Die Entdeckung der psilocybinhaltigen Pilze und die enorme Zunahme des Anlegens von Pilzkulturen im eigenen Heim sorgen dafür, dass die Pilgerreisen zu Maria Sabina abnehmen. Ende der fünfziger Jahre gelingt es dem französischen Pilzkundigen Professor Heim zum ersten Mal, zwei Sorten mexikanischer psilocybinhaltiger Pilze zu kultivieren: *Psilocybe cubensis* und *Psilocybe mexicana*. Die robusten *Psilocybe cubensis* gedeihen unter künstlichen Umständen außerordentlich gut. Das Kultivieren dieser Pilze erweist sich als besonders einfach. Die Art ist mit Ausnahme des Austernschwamms die am einfachsten zu kultivierende Pilzsorte.
Nach den allerersten Zuchterfolgen Professor Heims hat das Anlegen von Pilzkulturen im eigenen Heim stark zugenommen. 1976 erscheint in den Vereinigten Staaten ein Buch mit sehr vereinfachten Methoden zum Anlegen einer Pilzkultur: *Magic Mushroom Grower's Guide. A Handbook for Psilocybin Enthusiasts* von O. T. Oss und O. N. Oeric (Pseudonyme der Gebrüder Dennis und Terence McKenna), mit Zeichnungen von Kat Harrison und Fotos von Jeremy Bigwood.
In diesem Buch wird Labortechnik mit Hilfe von Haus-, Garten- und Küchenapparatur vereinfacht wiedergegeben. Mit einfacher Küchengerätschaft wie z.B. einem Schnellkochtopf ist es möglich, Kultiviertöpfe und Substrate zu sterilisieren. Sogar eine Düngungsmethode, die ursprünglich aus der Champignonkultur stammt, zeigt sich bei den mexikanischen Rauschpilzen wirksam. Lehrsame Fotos begleiten den Text Schritt für Schritt. Dadurch ist der Laie unabhängig von komplizierter Technologie bzw. schwer zu erhaltenden Chemikalien. Ohne im Anti-Drogen-Klima aufzufallen, kann man selbst mit minimaler Investierung und etwas Geduld ein kräftiges psychedelisches Mittel zu Hause herstellen. Genanntes Buch ist einer der meistverkauften Titel der psychedelischen Literatur und ist in etwas überarbeiteter Form noch immer im Handel.[11]
Andere Bestseller aus dieser Zeit sind u.a. *Die Lehren des Don Juan* von Carlos Castaneda. Auch dieses Buch hat einen Beitrag zur weltweiten Popularität des psychedelischen Pilzes geleistet. Hier wird beschrieben, wie der Anthropologiestudent Carlos Castaneda bei Don Juan, einem Medizinmann der Yaqui-Indianer, in die Lehre geht. Mit Hilfe des Peyote, des Stechapfels und der Zauberpilze muss Castaneda die andere Wirklichkeit des alten Indianers erforschen.
Der Erfolg stimuliert Castaneda, mehrere Bücher über die Einweihung in die Lehre des Don Juan zu schreiben. In zwanzig Jahren hat er Millionen Leser damit erreicht, und die Reihe besteht inzwischen aus sechs Titeln.

Alle Rauschpilzexperten sind sich jedoch darin einig, dass Castaneda bezüglich der Anwendung psychedelischer Pilze gelogen hat. Einnahme sowie Zubereitungsmethoden sind uneffizient, um es gelinde auszudrücken. Auch hat Castaneda sein Versprechen nicht gehalten, ein Exemplar seiner Zauberpilze zu Forschungszwecken an Gordon Wasson zu senden. Castaneda wurde vom Anthropologen R. de Mille in die Enge getrieben, dessen Lebenswerk es war, den Autoren zu demaskieren.[12] Laut de Mille hat Castaneda nicht nur die Rauschpilzgeschichten erfunden, sondern auch Don Juan sei seiner Fantasie entsprungen. Trotzdem gibt es selbst heute noch viele Leser, die Schwierigkeiten haben, dies zu akzeptieren. Der Verlag hat sich für den sicheren Mittelweg entschlossen: Castanedas Bücher werden seit Jahren als Romane verkauft.

Partyflyer aus den 90er Jahren
Trance Buddha, Amsterdam

3 DIE ZWEITE PSYCHEDELISCHE WELLE

Einundzwanzig Jahre nach dem »Sommer der Liebe« im Jahre 1967, den man als Höhepunkt der »ersten psychedelischen Welle« bezeichnen kann, gibt es wieder einen Sommer voll Liebe, Tanz und Musik. Auch der Sommer 1988 bekommt den Stempel »Sommer der Liebe« aufgedrückt. Acid House, ein neuer Musikstil, dringt als Teil einer neuen Subkultur vom Hippieparadies Goa (Indien) und der Ferieninsel Ibiza (Spanien) bis zu den Tanzflächen Londons vor. Außer der Musik bringt diese Subkultur auch eine neue Droge mit sich: Ecstasy, ein bitteres Pulver, das überwiegend in Tablettenform erhältlich ist.

Ecstasy wirkt zweifach: Zum einen handelt es sich um ein Stimulans, Müdigkeit hat keine Chance; zum anderen verursacht es ein globales Liebesgefühl. Obwohl Ecstasy keine Visionen oder Halluzinationen verursacht, wird es doch als psychedelisches Mittel bezeichnet, weil es eine gefühlsmäßige Bewusstseinsveränderung bewirkt. Ecstasy wirkt total anders als sein beliebter Vorgänger Kokain, der seit Ende der siebziger Jahre ungekrönter König des Nachtlebens war. Kokain wirkt rein stimulierend, als Nebenwirkung tritt – wie bei vielen anderen Stimulantia – ein aufgeblasenes Ego auf. Ein Kokainschnüffler redet gerne, vor allem über sich selbst, es kostet ihn große Mühe, anderen zuzuhören. In der Wirkung paßt Kokain perfekt in die achtziger Jahre, die oft als das Ich-Zeitalter beschrieben werden.

Das Auftauchen der House-Subkultur mit der »Liebesdroge« Ecstasy ist das Startsignal zur zweiten psychedelischen Welle. Im Kielsog der immer größer werdenden Beliebtheit von Ecstasy erhalten rein psychedelische Mittel wie LSD und Rauschpilze ab ungefähr 1990 die Chance, sich von einer neuen Generation entdecken zu lassen.

Die Horrorgeschichten über LSD, die in den siebziger Jahren verbreitet wurden, sind größtenteils in Vergessenheit geraten. Nicht weil sich niemand mehr daran erinnert, sondern weil es sich dabei wirklich überwiegend um Horrorgeschichten handelt. Horror als Ausdruck einer verrückten Phantasie. Das Gerücht, LSD schädige die Chromosomen des Konsumenten, tauchte auf. Diese Fantasiegeschichte respektierter Wissenschaftler wurde der Öffentlichkeit mit Unterstützung der Medien aufgetischt und hörte sich durchaus glaubwürdig an. Die Chromosomengeschichte kam ursprünglich aus den USA und wurde von vielen Journalisten weltweit übernommen und verbreitet. Es handelt sich hierbei um eine an den Haaren herbeigezogene übertriebene Behauptung, an die man sich heute noch erinnert.

Eine andere Geschichte, die lange im kollektiven Gedächtnis hängenblieb, betrifft Hippies, die unter dem Einfluss von LSD glaubten, fliegen zu können, und sich darum von Wolkenkratzern stürzten. Unweigerlich muß man sich die Frage stellen, warum in den sechziger Jahren nicht jeder mit einem Helm auf dem Kopf herumlief, um so eventuellen Konfrontationen mit fliegenden Hippies zu entkommen. Schenkt man diesen Gerüchten Glauben, macht LSD schlicht und einfach verrückt. Hier wurden Sachverhalte enorm übertrieben, bzw. nichts davon ist wahr. Obwohl man in den sechziger Jahren LSD in hohen Dosierungen zu sich nahm, ist die Anzahl der tatsächlichen Opfer sehr gering.[14]
Mit solch angsteinflößenden Geschichten reagierte die »schweigende Mehrheit« auf das Benehmen der Hippie-Jugend in den sechziger Jahren. Diese Gerüchte sollten die Jugend davon abhalten, mit psychedelischen Mitteln zu experimentieren. Bis zu einem gewissen Grad war dies auch erfolgreich. In der zweiten Hälfte der siebziger und beinahe während der gesamten achtziger Jahre war LSD nur in kleinen Kreisen beliebt. Ich vermute, dass Rauschpilze bei dieser selektiven Gruppe damals genauso aktuell waren wie LSD. Psilos haben ein freundlicheres Image und sind darüber hinaus natürlichen Ursprungs, ganz im Gegensatz zum synthetischen LSD.

NACH DEM ÜBERWINDEN DER SCHWELLENANGST

Seit Mitte der siebziger Jahre wissen Europas Tripper, dass der »Spitzkegelige Kahlkopf« den begehrten Stoff Psilocybin enthält. Ein paar Leute ziehen jeden Herbst auf die Weiden, um die kleinen braunen Pilze zu sammeln. Der Erfolg der Ernte hängt vom Wetter und vom Glück des Sammlers ab. Manchmal stößt man auf eine größere Menge Kahlköpfe. Was man selbst nicht benötigt, wird verteilt oder verkauft. Der Preis ist selten höher als 13 Gulden pro Portion.
1980 war John Wesseling sechzehn Jahre alt:

> Jetzt ist es total in, und man kann die Psilos sogar kaufen. 1980 war das noch anders. Damals wußte fast keiner was davon. Die Psilos waren nicht im Umlauf, sicher nicht in Amsterdam, unsere kamen aus Zeeland. Wir haben sie von den »Gramschap«-Leuten bekommen. Das war ein anarchistischer Verein, der sehr für Rauschmittel war, der die Zeitschrift »Gramschap« mit einer Auflage von 1000 Exemplaren rausbrachte. Im Herbst hatten sie so viele Pilze gesammelt, dass jede Zeitschrift eine Portion Psilos enthielt. Diese Auflage wurde damals in Beschlag genommen.
> Von diesen Leuten bekam ich mein erstes Glas Psilohonig. Ich wohnte damals in Amsterdam, im besetzten Gebäudekomplex »de Groote Keyser« (der Große Kaiser). Heute kann man sich überhaupt nicht mehr vorstellen, wie es damals zuging. Ein Häuserblock, der über mehrere Kanäle reichte, war über die volle Breite hin verbarrikadiert. Es bestand die Gefahr, jeden Augenblick von der mobilen Einheit geräumt zu werden. Das war total anders als die Generation der Siebziger, wo alles um Liebe

ging und man im Vondelpark zwischen den Blümchen trippte. Wir schmissen unseren ersten Trip zwischen aneinandergeschweißten Stahlplatten.
(Interview vom April 1997)

In diesen Tagen werden nicht nur Häuser besetzt, sondern auch viele Parties organisiert. In der alternativen Umgebung der besetzten Cafés und Discos werden außer Alkohol, Gras und Speed auch Psilos in begrenztem Umfang bekannt und beliebt. Manchmal gestaltet sich die Beschaffung der Zauberpilze schwierig. In Holland werden zu wenig Kahlköpfe gefunden, um der Nachfrage gerecht zu werden. In Wales und Schottland gedeihen Rauschpilze im Überfluss. Seit Anfang der achtziger Jahre kommen kleine Handelseinheiten aus Großbritannien zu uns. Doch noch immer ist das Angebot zu klein.

HOUSE

Das Auftauchen der Housemusik sorgt für ein erneutes Aufleben des Konsums von Tripmitteln. Von ein paar Leuten, die häufig selbst Psilos sammeln gehen und sich im Einklang mit der Natur fühlen, breiten sich die Psilos auf junge Partygänger aus, die die Natur überwiegend von Dias auf nächtelangen Parties kennen. Die neue Generation nimmt jedoch nur niedrige Dosierungen und unterscheidet sich so von der alten Garde.
Seit Jahren untersucht Dr. Ton Nabben Trends im Drogengebrauch bei der am Nachtleben teilnehmenden Amsterdamer Jugend. »Anfang der neunziger Jahre wird LSD auf Parties ‚in'. Bemerkenswerte Tatsache ist, dass die Dosierungen im Vergleich mit der Hippiezeit sehr niedrig sind. Psilos werden nur selten genommen und sind außerdem schwer erhältlich.«
Im Herbst 1989 wird Ludmilla achtzehn. Als Geburtstagsgeschenk bekommt sie von ihren Freunden eine Ecstasytablette, die großen Anklang bei ihr findet. Sie gehört zu den Houseleuten der ersten Stunde. Im Sommer 1988 verbringt sie ihre Ferien auf Ibiza und macht seitdem regelmäßig Wochenendurlaub im RoXY, einer bekannten Discothek in Amsterdam. Sie unterzieht sich ihrer ersten Zauberpilz-Erfahrung mit Bekannten, die sie vom Nachtleben kennt:

Es kam alles durch die Housemusik. Ich fand Ecstasy echt super und redete mit Gott und der Welt darüber. Eines Abends fragte mich jemand, ob ich nicht Lust auf Psilos hätte. Das wollte ich auch gerne mal ausprobieren. Wir waren zu acht bei jemandem zu Hause. Wir tranken Tee, der aus Kahlköpfen gebraut war. Sobald das Zeug zu wirken anfing, fühlte ich mich merkwürdig. Ich hatte Angst vor dem Unbekannten, auch weil ich die Leute um mich rum nicht gut kannte, lediglich vom Ausgehen, und das auch noch nicht so lange. Ich wurde das Gefühl nicht los, dass die anderen beobachteten, wie ich auf die Psilos reagierte.

Wir saßen in einem kleinen Zimmer, dessen Boden mit einem schwarzen, langhaarigen Teppich bedeckt war. Die Haare des Teppichs bewegten sich wie Seealgen im Wasser. Mehrmals bin ich vom Licht erschrocken. In meinen Augenwinkeln sah ich Lichter, doch sobald ich hinguckte, blitzte es minutenlang durchs Zimmer. Davon bin ich ziemlich erschrocken.

Als die anderen dann zu kichern anfingen, hatte ich erst den Eindruck, dass sie mich auslachten. Da konnte ich mich jedoch darüber hinwegsetzen, das kannte ich schon vom Haschrauchen. Als ich mich darauf konzentrierte, wurde es total unangenehm, also ließ ich das Gefühl sausen. Ich dachte damals »ach, was stellen die sich blöd an«. Ich konnte mir ehrlich gesagt nicht vorstellen, was so lustig sein sollte. Verglichen mit Ecstasy war das erste Mal Psilos eigentlich eine Enttäuschung für mich. Ich hatte viel davon gehört, sah aber bloß, wie sich der Teppich bewegte.

CONSCIOUS DREAMS: DER ERSTE SMART SHOP ÖFFNET SEINE PFORTEN

Anfangs der neunziger Jahre sind Psilos noch immer ziemlich schwer aufzutreiben. Nur im Herbst und teilweise auch im Winter gibt es Kahlköpfe. Das ändert sich schlagartig: Im Oktober 1993 öffnet der erste Smart Shop Hollands seine Pforten an der Kerkstraße 113 in Amsterdam. Hans van den Hurk, der mit seinem Schwager Roland van Tol »Conscious Dreams« aufzieht, hat jahrelang Ecstasy auf House-Parties getestet und will jetzt etwas anderes:

> Ich habe von »Smart Bars« in den Vereinigten Staaten gehört, in denen Nährstoffe in Fruchtgetränke gemixt werden. Ein gesundes Getränk aus frisch gepresstem Fruchtsaft, eventuell angereichert mit Nährstoffen, aufputschend. Auf jeden Fall gesund ausgehen und am Tag darauf wieder gesund aufstehen, diese ganze light-Idee.
>
> Das sprach mich damals sehr an, und ich habe mich darin vertieft. Wir haben auch mit legalen Ecstasyvarianten rumexperimentiert, wobei wir damals noch nicht wußten, wie wir die auf den Markt bringen sollten. Wir dachten an Kräuter und allerlei andere Stoffe und Pflanzen. Eines Tages kam dann ein deutscher Lieferant mit einem kompletten Angebot an Kräutern, Extrakten und allerlei alten Rezepten aus der ganzen Welt in unseren Laden. Dadurch haben wir einen Beginn gefunden, um außer chemischen Ecstasy-Alternativen teilweise »Smart Nutrients« und allerlei natürliche Produkte zu verkaufen. Das war im Sommer 1994. Im Herbst darauf kamen dann die Kahlköpfe dazu. Eigentlich eine logische Entwicklung. Kurz darauf stand ein *Homegrower* in unserem Geschäft, der *Psilocybe cubensis* (»Mexikaner«) zum Kauf anbot. Da stellten wir uns die Frage: Wie steht es eigentlich mit den Gesetzen um die Pilze?

Eine Aussprache des Hohen Gerichtshofs betreffend aufputschendes Qat (*Catha edulis*), das ursprünglich aus Afrika kommt, zeigt »Conscious Dreams« die Möglichkeit, innerhalb des Gesetzes Psilos zu verkaufen. Der Hohe Gerichtshof beschließt, dass Qat (auch Khat oder Miraa genannt) Substanzen enthält, die auf der Betäubungsmittelliste stehen, nämlich *Kathin* und *Kathinon*, dass sich jedoch in frischem Qat wenig wirksame Substanzen befinden. Frisches Qat ist erlaubt, obwohl die Pflanze verbotene Substanzen in sich birgt.[15]

Nach einigem Überlegen dachten wir, beim Verkauf frischer Psilos auf der richtigen Seite des Gesetzes zu stehen. Bei getrockneten Pilzen gestaltete sich der Sachverhalt schwieriger. Das war diskutabel. Der Psilohandel nahm enorm zu, ebenso der Verkauf der Kräuter. Unsere Einstellung war: Mal schauen, was es gibt und wo wir es herholen, wie können wir es einführen, was ist erlaubt und was ist verboten. Letzteres war total unklar. Wir haben mit manchem einfach angefangen. Wir gehen immer Risiken ein. Ist es nun legal oder nicht, die Frage konnten wir uns selbst nicht mal beantworten. Wenn wir mit kleinen Mengen anfangen und vorsichtig sind, haben wir weniger Risiko. Obendrein sind wir die einzigen, also können wir es steuern und haben es in der Hand. Wir vertieften uns immer mehr in die Psiloliteratur und fanden raus, dass zu diesem Thema in Holland wenig Literatur rausgebracht wurde. Dabei fiel uns auf, dass die Leute, die sich mit Zauberpilzen beschäftigten, sich sehr darum bemühten, dies im Untergrund verborgen zu halten. Nach intensiven Besprechungen mit unserem Anwalt waren wir davon überzeugt, dass dies unnötig war, und haben darum mit offenen Karten gespielt.

Man kann alles im Untergrund tun, dann bleibt es geheim, in den ersten Jahrhunderten gab es geheime Vereinigungen, die nur im Untergrund existierten. Das ist nicht meine Art des Lebens. Geht man nicht offen damit um, so erreicht man nie eine Veränderung. Mehr oder weniger benutzten wir die Pilze, um die Diskussion um das BtMG wieder in Gang zu kriegen.

Psilocybe cubensis
(Zeichnung: Kat Harrison)

Cannabis- und Cocapflanzen standen bereits auf der Liste, die Psilos jedoch nicht. Wir glauben daran, dass wir mit den daran verbundenen kulturellen Hintergründen der Psilos Erfolg haben könnten. Es dreht sich um einen längeren Anwendungszeitraum, ein paar Tausend Jahre ohne negative Nebenwirkungen. Hier handelt es sich also nicht um ein neues Mittel mit unbekannten Langzeitfolgen wie MDMA (Ecstasy). Nach mehreren Überlegungen mit unserem Anwalt dachten wir: »Wollen wir den Durchbruch schaffen, dann gelingt uns das mit den Zauberpilzen«.
Im Vergleich zu MDMA haben Psilos einen höheren Stellenwert bei mir. Ich finde psychedelische Mittel interessanter als euphorische, die überwiegend stimulierend wirken. Zauberpilze haben einen ernstzunehmenden Hintergrund. Außerdem ist Ecstasy durch den Gebrauch in der Partywelt aus dem herkömmlichen Umfeld gerissen worden, was mit Psilos niemals passieren wird. Psilos schluckt man nicht jede Woche einmal. Es handelt sich hierbei um eine Substanz, die im allgemeinen viel tiefere Erfahrungen als Ecstasy auslöst und viele Leute zum Nachdenken anregt. Darum entwickeln wir uns immer mehr zu den Psilos hin. Als wir Ende 1994 Zauberpilze im Geschäft hatten und die Psilos explosives Interesse der Medien erregten, da schien es, als ob die Pilze eine Wiedergeburt erlebten, während sie zuvor doch schon 20 Jahre lang im Untergrund bekannt waren.

Der Vormarsch der Psilos ist nicht zu stoppen. Vom Erfolg des Smart Shops »Conscious Dreams« inspiriert, eröffnet ein Smart Shop nach dem anderen. Inzwischen gibt es in den Niederlanden über hundert Läden, die Pilze, Kräuterpräparate und Nahrungsmittelzusätze verkaufen.
Der Forschungsbeauftragte Dr. Ton Nabben von der Abteilung Forschung und Statistik der Gemeinde Amsterdam gibt folgende Erklärung ab:

Ich glaube, das erweiterte Angebot und das enorme Interesse der Medien für die Smart Shops haben für eine steigende Nachfrage gesorgt. Außer den Smart Shops und der Hype der Medien gibt es noch einen dritten Faktor. Das Interesse für Esoterik und Spiritualität, das ganze New-Age-Geschehen, da passen Psilos auch rein. Es wird nicht nur Interesse an Psilos gezeigt, sondern auch an der Literatur, die in diese Richtung geht. Das Interesse an den Büchern Carlos Castanedas, die in den siebziger Jahren sehr populär waren, blüht nun wieder enorm auf.

SMART BARS

Die Zielgruppe, die sich am meisten von den Smart Shops angezogen fühlt, sind Jugendliche, die sich ins Nachtleben stürzen. Seit 1994 schlagen darum Smart Bars ihre Zelte bei Parties und Raves auf. Die Smart Bars führen im Vergleich zu den Smart Shops ein viel kleineres Sortiment. Natürliche Aufputschmittel wie z.B. Guarana, Kolanuß und Ma Huang (Ephedra), Vitaminpräparate, Herbal Ecstasy, gesunde Nahrungsmittel, Früchte, Energiegetränke und Kräutertee werden den Nachtfaltern feilgeboten. Auch Psilotee gehört dazu. Smart-Barkeeper Gert Jan Heineman steht seit 1994 jedes Wochenende mit seiner Smart Bar auf Parties in und um Amsterdam. Am Anfang verkaufte er fertig gebrauten Tee. Nach der Razzia bei »Conscious Dreams« im Jahr 1995 hat er sich etwas anderes ausgedacht:

> Ich verkaufe Tassen mit gekochtem Wasser. Der Kunde kann dann selbst die frischen Psilos reintun. So kann niemand mich beschuldigen, die Pilze bearbeitet zu haben. Ich mache keine Reklame und hänge auch keine großen Schilder auf. Für meinen Tee habe ich überwiegend Stammkundschaft, die mich sowieso findet. Ich habe auch keine Lust, Psilotee zu pushen. Dazu eignen sich Zauberpilze schlicht und einfach nicht.
> Mit meiner Smart Bar stehe ich auf guten Parties und z.B. bei Veranstaltungen im »Paradiso«, im »Melkweg« und im »Silo« (Amsterdam). Durchschnittlich sind 500 bis 1500 Besucher auf diesen Feten. Nur ein geringer Teil davon trinkt Psilotee. Anfänglich waren die Leute neugieriger, und ich hatte mehr Umsatz. Das Wachstum stagniert in der letzten Zeit. Die meisten haben es schon mal versucht. Zauberpilze nimmt man nicht jede Woche einmal, darum habe ich Stammkundschaft.

PSILOS WURDEN VERBOTEN, ABER NICHT VOLLSTÄNDIG

1996 verlangte die Rotterdamer Polizei Klarheit über den legalen Status getrockneter Psilos. Gegen den Rotterdamer Smart Shop »Sign of Time« wurde ein Testprozeß eröffnet, an dem der Smart Shop übrigens bereitwillig mitarbeitete. Auch die Smart Shops wollen Klarheit. Alles dreht sich nur um einen Satz im Betäubungsmittelgesetz (BtMG): Wird ein natürlicher Stoff eines verbotenen Mittels bearbeitet, dann spricht man von einer Übertretung des BtMG.
Psychedelische Pilze sind die Quelle der wirksamen Substanzen Psilocybin und Psilocin, beide Stoffe werden im BtMG als harte Drogen bezeichnet. Ist das Trocknen psychedelischer Pilze eine Bearbeitung oder nicht? Darum dreht sich der Testprozeß. Leider läßt die Antwort noch einige Zeit auf sich warten, denn im Januar 1997 führt die Brabanter Polizei eine Razzia bei einem Pilzzuchthof in Kerkdriel durch. Laut der Brabanter Polizei ist es völlig unwichtig, ob die Psilos getrocknet sind oder nicht. Alle Pilze, die den wirksamen Stoff Psilocybin und Psilocin enthalten und gezüchtet werden, fallen in den Augen der Brabanter Polizei unter das BtMG.
Der Testprozeß der Rotterdamer Polizei wird auf die lange Bank geschoben, man wartet auf das Ergebnis des Prozesses gegen den Pilzzüchter in Kerkdriel. Außer dem Züchter sind noch andere Leute beteiligt, unter ihnen auch »Conscious-Dreams«-Eigentümer Hans van den Hurk. Allen Beteiligten wird Mitgliedschaft in einer kriminellen Organisation vorgeworfen.

Das heißt erstmal für die Verdächtigen, dies zu akzeptieren, obwohl sie eines sicher wissen: Zauberpilze werden im BtMG nicht genannt.
Nach vielen Jahren und Gerichtsverfahren sprach die Hoge Raad, der höchste Gerichtshof in den Niederlanden, die Beklagten letztendlich schuldig. Hans van den Hurk wurde zu zwei Jahren Haft verurteilt, eine für die Niederlande erstaunlich hohe Strafe. Vergewaltiger kommen durchschnittlich mit weniger davon. Das war die Rache für Hans van den Hurks Frechheit, die Justizbehörden herauszufordern und die Zauberpilze öffentlich in einem Geschäft zu verkaufen. Zum Glück aber wurde er offensichtlich beschützt, einige sagen vom Geist der Pilze. Seine Haftstrafe wurde in Arbeitsstunden umgewandelt. Zu allem Glück kam dazu, dass das Urteil über die Strafe von einer Viertelmillion Euro Bußgeld an die verkehrte Adresse gerichtet worden war. Hans van den Hurk brauchte es deshalb nicht zu zahlen.
Die Entscheidung der Hoge Raad war exemplarisch für die Änderung in der niederländischen Drogenpolitik. Hatten die Niederlande bis Ende der neunziger Jahre die liberalste Politik in Europa, so wurde es nun immer konservativer. Das Neo-Con-Gedankengut extrem rechter Amerikaner, wie dem ehemaligen Präsidenten Bush und seinen Kriegsverbrechern, wurde Teil des politischen Spektrums.
Einige Jahre später hatten die konservativen Elemente in der niederländischen Politik eines ihrer Ziele erreicht: Alle Psilos wurden verboten. Seit 1. Dezember 2008 sind nicht nur alle Zauberpilze verboten, sondern auch etwa hundert andere Pilze. Die Niederlande sind jetzt vermutlich das einzige Land der Welt, das den Fliegenpilz verboten hat. Wie idiotisch kann man eigentlich sein?
Es war kein Zufall, dass der verantwortliche Gesundheitsminister ein fundamentalistischer Christ war. So läuft es immerhin schon 500 Jahre, jedwede »spirituelle Konkurrenz« des Christentums wird als ein Komplott des Teufels betrachtet.
Bedeutete das Verbot aber das Ende der Vielzahl von einigen Hundert Smartshops in den Niederlanden? Nicht ganz, weil die Sklerotien der Psilos (Verdickung des Myzeliums) nicht verboten wurden. Sie werden noch immer als Magische Trüffel oder Philosopher's Stones verkauft. Und es gibt Zuchtboxen für den Anbau von Psilos.
Der Ruf Hollands als freies Land ist nach wie vor aktuell. Europäische Jugendliche kommen noch immer für eine Art alternativer Pilgerreise nach Amsterdam, um Cannabis zu rauchen und Pilze zu nehmen.

4 DIE PSYCHEDELISCHE ERFAHRUNG

Nach dem Konsumieren der Rauschpilze befindet man sich in einer anderen, psychedelischen Realität, die »Trip« genannt wird. Das Wort »psychedelisch« stammt aus der klassisch griechischen Sprache und bedeutet wörtlich: »die Seele (*psyche*) öffnet sich (*delein*)«. Humphrey Osmond hat diesen Ausdruck Ende der fünfziger Jahre erfunden. Zauberpilz-Pionier Gordon Wasson fand diese Bezeichnung jedoch zu einschränkend und führte den Ausdruck »entheogen« ein, der soviel bedeutet wie »den Gott in sich selbst generieren«.
Man könnte sagen, dass der Ausdruck »entheogen« weniger neutral ist als »psychedelisch«, weil »Gott« darin vorkommt. Nachdem viele Leute heutzutage nicht an Gott glauben, könnte man daraus schließen, dass »Nichts« generiert wird.
Darum verwende ich die Bezeichnung »psychedelisch«: Während des Trippens öffnet sich die Seele. Ein psychedelisches Mittel wie Zauberpilze wirkt als Verstärker und Katalysator im Unterbewusstsein des Menschen. Was sich im Unterbewusstsein befindet, kann auf spezifische Art und Weise an die Oberfläche kommen. Das bedeutet, dass jeder Trip eine total individuelle Erfahrung ist.
Wie der Trip erfahren wird, hängt überwiegend von der Person ab, die ihn nimmt. Man kann zuvor nicht beurteilen, was jemand unter dem Einfluß der Rauschpilze erleben wird. Dies hängt von folgenden Faktoren ab: der Menge eingenommener Rauschpilze, der Umgebung, in der sich der Trip abspielt, und der Person, die den Trip nimmt. Die verschiedenen Phasen des Trips können nur allgemein wiedergegeben werden.

DER VERLAUF DES RAUSCHES

Zehn Minuten bis eine Stunde nach Einnahme der Rauschpilze machen sich die ersten Effekte bemerkbar. Der Pilzesser merkt, wie sich die alltägliche Realität rasch verändert, was sich in erster Linie auf die Lachmuskeln auswirken kann. Einem Partykonsumenten kommt das gerade recht, nämlich herrlich über alles zu lachen, und mit einer leichten Dosierung Psilos bleibt es dabei.

Bei einer normalen Dosierung gibt es einen Übergang vom Fröhlichen ins Verwirrende. Die vertrauten Sicherheiten der alltäglichen Realität verschwinden. Die Zauberpilze nehmen von den Wahrnehmungen des Gebrauchers Besitz. Die Augen sehen schärfer, die Ohren hören besser. Mit offenen Augen findet erst eine getrübte Wahrnehmung der Farben statt. Viele Menschen sehen grüne oder rosafarbene Nebelschleier, die jedoch schnell einem sehr hellen, detaillierten Blick Platz machen. Unter dem Einfluß der Rauschpilze kann man Dinge sehen und hören, die einem normalerweise nicht auffallen würden.
Schließt man die Augen, kann die Bewußtseinsveränderung manchmal drohende Bilder und Situationen zum Vorschein bringen. Sträubt der Benutzer sich dagegen, können diese Bilder während des Trips wiederkehren. Die daraus resultierende Angst und Panik nennt man einen »Flip« oder »Bad Trip«. Ein Angstanfall dieser Art hat dann auch körperliche Folgen wie Schwitzen, Zittern und Übelkeit. Übelkeit tritt in manchen Fällen auch ohne Angstzustände auf.
Läßt sich der Pilzkonsument jedoch von den Visionen tragen, ist alles möglich.
Aus meinen eigenen Aufzeichnungen (16. Juli 1995):

> Wieder schließe ich meine Augen, und die Visionen werden intensiver. In den grellen Basisfarben dieser Episode – rot, orange, gelb, lila und gold – erscheinen Wesen mit eigener Identität. Ein knallgelb stilisierter Oktopus dreht sich im Kreis. Bei näherem Betrachten ist es kein Oktopus, sondern viele Tentakel aus plastisch schimmerndem Gelb, die mich an einen Oktopus erinnern. Das Wesen dreht sich wie ein Rad und winkt mir einladend zu. In der Achse dieses drehenden organischen Rades befindet sich ein männliches Anlitz. Andere Wesen tauchen auf, wunderliche Formen erscheinen, und alles ist in konstanter Bewegung. Ich erblicke einen roten Gott, der über und über mit großen goldenen Zauberpilzen bedeckt ist.
> Mein Körper scheint weit weg zu sein. Ich befinde mich tief in mir selbst, in einem Gebiet, in dem ich keinen Namen mehr habe. Ich bin unterwegs nach meiner tiefsten Eigenheit – und das sehr bewusst.
> Die endlos bewegenden Arme des Oktopus stoppen manchmal abrupt in ihren Bewegungen, während sich mein Ausgangspunkt mit einer schnellen Bewegung um 45 Grad dreht. Dieses abrupte Bremsen des bewegenden Bildes paart sich mit absoluter Stille, als ob mit dem Stillstand des Bildes zugleich alle Geräusche stoppen. In diesen Momenten absoluter Stille mit stillstehenden Visionen lieg ich nicht mehr im Gras des Vondelparks. Ich befinde mich jenseits meines Namens und dieses Ortes, irgendwo total anders.

Charakteristisch für den Psilo-Trip ist dessen wellenförmiger Verlauf. Der Höhepunkt einer Halluzination folgt einem ganz normalen Gefühl:

> Mit offenen Augen kann ich das eine oder andere sehen, starke Effekte kommen in Wellen, durch die sich meine Augen von selbst schließen. Der Rausch kommt mir bekannt und vertraut vor. Ich fühlte mich wie ein Fisch im Wasser. Häufig denke ich:

»War's das?«, um nur einen Augenblick später wieder von einer Halluzination mitgerissen zu werden. (Notiz vom 19. Oktober 1995)

Abhängig von der Art und der Dosierung der Pilze dauert ein Trip vier bis sechs Stunden und ebbt dann wellenförmig ab. Der Abstand zwischen den Höhepunkten mit Halluzinationen wird immer länger. Viele erfahrene Tripper rauchen in diesem Endstadium einen kräftigen Joint, um so den Effekt zu verlängern. Es hat keinen Sinn, zu diesem Zeitpunkt mehr Rauschpilze einzunehmen. Der Körper hat eine Toleranz gegen die wirksamen Substanzen aufgebaut.

WIRKUNG DER SUBSTANZEN

Die Wirkung einer Substanz hängt von drei Faktoren ab, nämlich dem Menschen, der Substanz und der Umgebung, in der sich der Mensch befindet. Die Substanz ist eine bestimmte Menge. Wieviel wirksame Substanz nimmt man zu sich? Von zehn Kahlköpfen kichert man, und vierzig Stück verändern einen in einen anderen Menschen. Verschiedene Arten Rauschpilze enthalten verschieden hohe Prozentgehalte wirksamer Substanzen, darum misst man in der wissenschaftlichen Literatur wirksame Substanzen in Milligramm.
Eine mittlere Dosis reinen Psilocybins ist laut Albert Hofmann, dem Entdecker des LSD, des Psilocybins und des Psilocins, vier bis acht Milligramm.[16] Eine neue Generation von Forschern berichtet über Dosierungen, die von drei bis dreißig Milligramm variieren, bzw. fünf bis fünfzig Milligramm.[17] Die höchste Dosierung, die jemals von einem Menschen eingenommen wurde, beträgt 120 Milligramm Psilocybin.[18]
Vor der Eröffnung der Smart Shops war die Dosierung eine Frage der Erfahrung oder reine Glückssache. In den siebziger und achtziger Jahren wurde die Dosierung häufig über den Daumen gepeilt: Eine halbe Handvoll Psilos reichten für einen guten Trip. Manche Leute zählten die Kahlköpfe, ein Trip mit zwanzig, dreißig oder vierzig Psilos. Der glückliche Besitzer einer präzisen Waage wußte nach ein paar Trips, welche Menge maßgeschneidert war. Man kann durchaus sagen, dass die Smart Shops die Portionen standardisiert haben. Durchschnittlich bemessene Dosierungen werden verkauft, d.h. sie dürfen weder zu stark noch zu schwach sein. Sind sie zu stark, so kann bei manchen Personen eine Panikreaktion hervorgerufen werden, bei einer zu leichten Dosierung sind die Kunden unzufrieden.

Es folgen die Standarddosierungen für getrocknete Rauschpilze, wie sie von den meisten Smart Shops angeboten werden:
Psilocybe semilanceata (Spitzkegeliger Kahlkopf) 0,5 bis 0,8 gr. für einen leichten Effekt und 1,6 gr. für einen Trip; *Psilocybe cubensis* (»Mexikaner«) 1,0 bis 1,5 gr. für

eine leichte Wirkung und 3 gr. für einen Trip; *Panaeolus cyanescens* (»Hawaiianer«, auch bekannt als *Copelandia cyanescens*) 0,3 bis 0,5 gr. für einen leichten Effekt und 0,5 bis 1,0 gr. für einen Trip.

Verkäuferin Iris Freie beim Smart Shop »Conscious Dreams« ist Pharmakologin:

> Durch Tests haben wir rausgefunden, dass diese Dosierungen dem Durchschnitt entsprechen. Natürlich hat jeder eine individuelle Empfindlichkeitsschwelle. Bei manchen Menschen wirken sie nicht so stark, die brauchen das Doppelte, andere wiederum wollen genau das Gegenteil, nämlich eine kleinere Portion. Verschiedene Leute reagieren verschieden auf die unterschiedlichen Sorten, die wir anbieten. Vom *Psilocybe semilanceata*, der holländischen Variante, ess ich einen ganzen Beutel und will häufig mehr als nur eine Portion. Spitzkegelige Kahlköpfe find ich leicht zu handhaben, sie sind visuell nicht so stark und geben Energie. Von den »Mexikanischen«, den *Psilocybe cubensis,* nehme ich keine ganze Portion. Das ist zuviel für mich. Die Wirkung ist sehr visuell, manchmal überwältigend. Die »Mexikaner« geben keine Energie wie die Spitzkegeligen Kahlköpfe.

MENSCH UND PSILOS

Durchschnittliche Portionen gehen von einem durchschnittlichen Menschen mit durchschnittlichem Körpergewicht aus. Der Mensch ist die zweite Variable, von der die Wirkung einer Substanz abhängt. Das Körpergewicht ist sehr wichtig. Eine schwere Person muß mehr einnehmen, um denselben Effekt erreichen zu können wie eine leichte Person. Darum arbeitet man in der Wissenschaft mit der Menge wirksamer Substanzen per Kilo Körpergewicht.
Nicht nur das Gewicht ist ausschlaggebend, sondern vor allem, mit welcher Einstellung jemand einen Trip mit Psilos beginnt. Ist sie oder er verliebt, hat er Angst, ist er depressiv, gesund oder krank? Will sich der Pilzesser auf einer Party von Gott befreien, oder will er Gott in einer Zeremonie begegnen? Der Gemütszustand des Pilzkonsumierenden beeinflusst den Effekt. Problematisch kann es dann werden, wenn sich ein Konsumierer seines Gemütszustandes nicht bewusst ist. In einer Anzahl Interviews mit sehr jungen Psiloessern (16 und 17 Jahre alt) wird mir klar, dass sie sich ihrer eigenen psychischen Probleme nicht bewusst waren. Das Ergebnis war ein Bad Trip mit allen unangenehmen Folgen davon.
Ein anderer physischer Faktor, den man nicht übersehen darf, ist der Mageninhalt. Bei leerem Magen setzt die Wirkung wesentlich schneller und intensiver ein als bei vollem Magen. Im Sommer 1995 arbeitete ich mit Gerrit Kalsbeek an einer Reportage für ein VPRO-Radioprogramm über Rauschpilze. Dem Rat des Verkäufers vom Smart Shop folgend, ließen wir insgesamt 60 gr. frische *Stropharia (Psilocybe) cubensis* eine Viertelstunde lang in kochendem Wasser bei kleiner Flamme ziehen.

Danach tranken wir den Tee und aßen die blanchierten Rauschpilze mit frisch gemahlenem Pfeffer. Wir hatten beide tagsüber gefastet:

> Wie gewöhnlich werfe ich bei der Einnahme einen Blick auf meine Uhr: plusminus 19:00 Uhr. Gerrit fragte im Zusammenhang mit der Radioreportage, wie lange es dauern würde, bis einige Effekte eintreten würden. »Zwischen einer halben und einer Dreiviertelstunde, abhängig vom Mageninhalt«, antworte ich. Zu unserer Überraschung setzt der Effekt bereits nach einigen Minuten ein. Leichtes Schwindelgefühl, Unruhe und eine davongleitende Realität. (Notiz vom 16. Juli 1995)

SETTING

Die Umgebung (Setting) ist die dritte Variable, sie ist für die Qualität des Trips von außerordentlicher Wichtigkeit. Jeder Impuls von außerhalb kann den Rausch beeinflussen. Darum wählen erfahrene Pilzesser nicht nur die Umgebung, in der der Trip stattfindet, sorgfältig aus, sondern auch die Gesellschaft, mit der sie die Reise antreten. Unternimm nur mit den Leuten eine Reise, die du magst und denen du vertraust. Laß dich nicht von unerwarteten Ereignissen stören. Zu Hause kannst du die Umgebung am besten kontrollieren. Stelle Telefon und Türklingel ab und öffne deine Türe nicht für unerwarteten Besuch. Achte darauf, dass die Auswahl der Musik mit dem Ziel deines Trips übereinstimmt. Willst du ein richtiges Ritual abhalten, dann bau einen kleinen Altar mit Kerzen in der Mitte des Raumes auf. Als allgemeine Regel gilt: Eine sichere Umgebung sorgt für einen sicheren Trip. Anfängern ist besonders abzuraten, durch die Stadt zu laufen, die eine Vielfalt an unerwarteten Geschehnissen bietet. Ein Spaziergang in freier Natur ist eine wesentlich bessere Idee. Man erlebt die Schönheit der Natur viel tiefgehender als in der normalen Wirklichkeit.

> Unter dem Einfluss der Psilos gingen wir ruhig durch den Wald und ließen alles auf uns einwirken. Die gewaltigen Buchen haben mich an erstarrte Riesentintenfische erinnert, ihre Rinde hingegen an eine Elefantenhaut. Jeder Baum war trotzdem ein lebendiges Wesen und ein Individuum. Der Anblick dieser riesigen Wesen faszinierte mich sehr. (Notiz vom 20. November 1994)

KONSUMIEREN DER RAUSCHPILZE

Psilos werden überwiegend oral eingenommen. Häufig isst man sie roh, man kann Tee davon brauen oder sie in einem Omelett essen. In so manchem Smart Shop werden Psilos in Honig oder Psilowaffeln angeboten, auch Joints mit gemahlenen

Psilos sind zu kaufen. Letzteres ist jedoch keine effektive Weise, magische Pilze zu konsumieren. Der größte Teil des Rauches verschwindet in der Luft, und die Wirkung hält nur kurz an.
Der amerikanische Autor und Drogenexperte Jonathan Ott rät vom Verzehr roher Pilze jeglicher Art ab. Der Verzehr gewöhnlicher roher Champignons (*Agaricus bisporus*) und Shiitake (*Lentinus edodes*) ist aufgrund ihrer giftigen und krebserregenden Substanzen ein Gesundheitsrisiko, meint der Amerikaner.[19]
In psilocybinhaltigen Pilzen wurden diese Substanzen nicht gefunden. »Aber«, so Jonathan Ott, »es wurde auch nicht danach gesucht.« Er sautiert die Pilze in wenig Butter oder Öl auf hoher Flamme. Die Hitze löst alle unerwünschten Substanzen schnell auf. Auch das Trocknen der Pilze ist seiner Meinung nach sehr gut geeignet, unerwünschte Substanzen zu eliminieren.
Entschließt man sich dennoch zum Verzehr roher Zauberpilze, muss man diese erst gut waschen. Danach achte man auf gutes Durchkauen, so dass der Körper die wirksamen Substanzen schnell aufnehmen kann. Auch beim Verzehr getrockneter Psilos muss man gut kauen. Braut man Tee, lösen sich die wirksamen Substanzen im allgemeinen schneller und können so vom Körper aufgenommen werden. Dadurch kann man die Wirkung beschleunigen.
Häufig ist der Konsum von Zauberpilzen mit einem bestimmten Ritual verbunden. Bei den Mazateken werden sie immer in Paaren, also zwei zugleich, gegessen, um weibliche und männliche Elemente miteinander zu vereinigen.

DER WEG DER SUBSTANZEN DURCH DEN KÖRPER

Sind die Psilos erst einmal im Körper, treten die ersten Effekte zwischen zehn Minuten bis zu einer Stunde nach der Einnahme ein. Wie schnell die Wirkung einsetzt, hängt von zwei Faktoren ab: Ist der Magen voll? Wie wurden die Rauschpilze eingenommen: Wurde Tee gebraut, wurden sie roh gegessen und gut durchgekaut?
Bei leerem Magen setzt die Wirkung schneller ein als bei vollem Magen. Ein Teil der wirksamen Substanzen, die zur Magenwand unterwegs sind, wird von einem vollen Magen aufgehalten. Viele erfahrene Pilzkonsumierer fasten tagsüber und nehmen bei Einbruch der Nacht die Zauberpilze zu sich.
Im menschlichen Körper verändert sich die Struktur des Psilocybins. Diese Veränderung wird durch die Anwesenheit verschiedener Enzyme im menschlichen Körper verursacht. Psilocybin wird in Phosphorsäure und Psilocin gespalten. Im Körper ist also nur Psilocin wirksam.[20]
Übrigens wird stets ein Viertel der wirksamen Substanzen unverändert vom Körper ausgeschieden. Die restlichen drei Viertel werden in ca. acht Stunden zu 80 bis 90% vom Körper in andere Stoffe umgesetzt. Ein kleiner Teil der wirksamen Substanzen bleibt ungefähr eine Woche lang im Körper.
Psilocin wird während des Kauens vom Speichel und danach von der Magenwand

aufgenommen. Einmal im Blut, muss Psilocin an einem Filtermechanismus vorbei, der die Blut-Hirn-Schranke genannt wird. Erst nach dem Überwinden dieses Hindernisses dringt Psilocin ins Gehirn vor, und erst dann machen sich beim Konsumierer die ersten Effekte bemerkbar.
Beim heutigen Stand der Wissenschaft ist nicht bekannt, ob andere Stoffe in psychedelischen Pilzen wie z.B. *Baeocystin* oder *Norbaeocystin* eine bestimmte Wirkung auf die Effekte haben. Jede Pilzart wirkt anders als die anderen Spezies. Doch enthalten alle hier genannten Psilos dieselben wirksamen Substanzen Psilocybin und Psilocin. Weil Psilocybin im Körper in Psilocin umgesetzt wird, müssten die Wirkungen der verschiedenen Arten eigentlich gleich sein. Dies ist jedoch nicht der Fall.

DIE WIRKUNG DER SUBSTANZEN IM MENSCHLICHEN GEHIRN

Über das komplexe menschliche Gehirn ist eigentlich noch sehr wenig bekannt. Das Gehirn besteht aus vielen Milliarden langer Nervenzellen, die durch elektrische und chemische Impulse miteinander in Kontakt sind. Will sich ein elektrischer Impuls von einer Nervenzelle zur anderen bewegen, kann dies nur mit einem chemischen »Botschafter« geschehen. Diese Botschafter nennt man Übertragungsstoffe oder »Neurotransmitter«. Es gibt eine Vielzahl Neurotransmitter, und von lang nicht allen ist bekannt, welche Funktion sie genau ausüben.
Die Neurotransmitter befinden sich in Reservoiren an den Enden der Nervenzellen und springen beim richtigen Impuls zum Empfänger über. Die Entfernung, die der Übertragungsstoff von einer Nervenzelle zur anderen überbrückt, wird »synaptischer Spalt« genannt.
Drei Neurotransmitter sind von größter Wichtigkeit, weil sie bemerkenswerte chemische Gemeinsamkeiten mit psychedelischen Mitteln haben, meint der Gehirnspezialist Solomon Snyder. Es handelt sich dabei um die Neurotransmitter Serotonin, Dopamin und Noradrenalin.[21]
Serotonin ist ein Stimmungsbarometer, das bei motorischer und sinnesorganischer Koordination eine wichtige Rolle spielt, auch sind Neurotransmitter erheblich an der Schmerzempfindung beteiligt. Personen mit einer hohen Serotoninproduktion sind aufmerksamer und glücklicher als andere, Personen mit einer niedrigen Serotoninproduktion dagegen sind depressiv und apathisch. Man nimmt an, dass ein Defizit an Serotonin die mögliche Ursache der Winterdepression ist.
Dopamin ist in kleinen Mengen im Gehirn vorhanden und reguliert Bewegungen, Emotionen und intellektuelle Leistungen. Hinweise deuten darauf hin, dass Dopamin den Überfluss an Information, der durch die Sinnesorgane angereichert wird, mit der Realität koordiniert. Arzneimittel gegen Schizophrenie blockieren die Dopamin-Empfänger. Ein Überfluss an Dopamin verstärkt also schizophrene Reaktionen.
Noradrenalin schließlich ist eine Substanz, die während einer Notsituation

automatisch aktiviert wird. Noradrenalin beschleunigt den Herzschlag, den Blutkreislauf und die Atmung. Sauerstoff wird verstärkt in die Muskeln transportiert, Appetit verschwindet, und man fühlt den Drang, Magen und Darm zu entleeren. Diese Symptome sind als »Kampf- oder Fluchtreaktion« bekannt. Das Bewusstsein ist alarmiert und will, koste was es wolle, überleben. Das Leben steht auf dem Spiel.

Die Übertragungsstoffe werden mit einer sicheren Regelmäßigkeit in den synaptischen Spalt entleert. Die Menge der Neurotransmitter in der Synapse bestimmt, wie man sich fühlt und benimmt. Manche Neurotransmitter beeinflussen sich gegenseitig. Wird ein Übertragungsstoff nicht ausgeschüttet, nimmt ein anderer Neurotransmitter im synaptischen Spalt überhand. So kann die Wirkung des Psilocins im Gehirn erklärt werden.
Bei der Wirkung von Psilocin fällt auf, dass dessen chemische Struktur fast mit der des Übertragungsstoffes Serotonin übereinstimmt. Serotonin und Psilocin sind chemisch betrachtet eng miteinander verwandt.[22] Psilocin haftet sich an Sero-

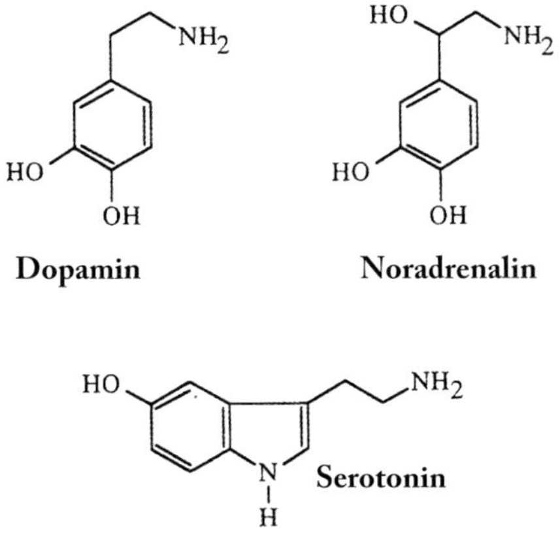

Dopamin **Noradrenalin**

Serotonin

Die chemische Struktur der Neurotransmitter
Dopamin, Noradrenalin und Serotonin.

tonin und verursacht so einen Rückkoppelungsprozess, den man »Autofeedback« nennt. Serotonin wird nicht von einer Nervenzelle in Richtung einer anderen ausgeschüttet, sondern in dieselbe Nervenzelle zurückgeschossen; wie bei einem Gewehr mit einem U-förmigen Lauf. Durch das daraus resultierende Defizit an Serotonin im synaptischen Spalt nimmt Dopamin überhand. Der dämpfende Effekt von Serotonin verschwindet, und die Zunahme von Dopamin verursacht den Effekt der Rauschpilze.[23]

KREUZTOLERANZ IM MENSCHLICHEN ORGANISMUS

Die Wirkung der Psilos kann ein klein wenig mit der Wirkung von LSD und DMT verglichen werden, man spricht von einer »Kreuztoleranz« zwischen Psilocybin und LSD. »Toleranz« bedeutet hier, dass sich der Körper an die Substanz gewöhnt hat und mehr davon braucht, um den gleichen Effekt erzielen zu können. Es ist also sinnlos, am Tag nach einem Psilotrip erneut Rauschpilze zu essen, weil der Körper bereits eine Toleranz dagegen aufgebaut hat, die nach einer Weile völlig verschwindet.

Sollte jemand am Tag nach einem Psilotrip LSD gebrauchen, wird sich schnell zeigen, dass auch diese Substanz wenig Effekt hat, weil im Körper ein Enzym aufgebaut wird, das diese Substanzen zunehmend inaktiviert. Das Ausbleiben einer Reaktion auf eine Substanz, weil sich noch eine andere Substanz im Körper befindet, wird »Kreuztoleranz« genannt.

Zwischen Ecstasy und Rauschpilzen besteht keine Kreuztoleranz. Das bedeutet, dass Ecstasy anders auf Serotonin wirkt als Psilos. Ecstasy, genau wie auch das in manchen Kreisen populäre Antidepressionsmittel »Prozac«, sorgt für einen künstlich erhöhten Serotoninspiegel. Beide Substanzen blockieren eine erneute Aufnahme des Serotonins in Richtung Nervenzellen.

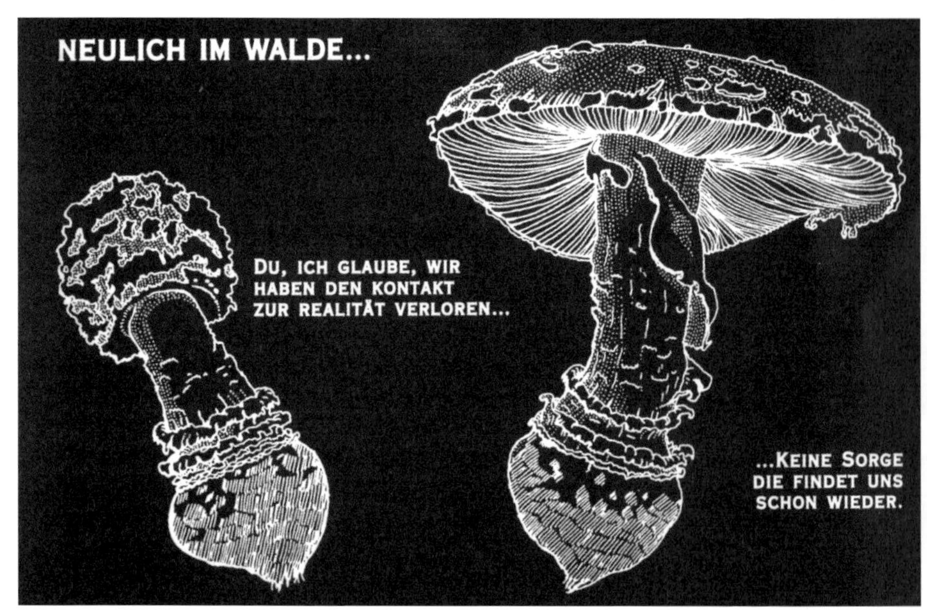

Postkarte aus dem Nachtschatten Verlag

5 ANWENDUNG

Rauschpilze werden unterschiedlich angewandt. Viele Anfänger nehmen eine niedrige Dosierung; die daraus resultierende leichte Realitätsveränderung ist häufig mit Lachanfällen verbunden. Eine leichte Dosierung verursacht keinen Trip.
Diejenigen, die Psilos als Partydroge benutzen, nehmen häufig leichte Dosierungen. Der auf so manchen Partys angebotene, aus Psilos zubereitete Tee ist ein gutes Beispiel dafür. Ein relativ neues Phänomen im Nachtleben ist die Kombination einer leichten Dosierung Rauschpilze mit Ecstasy.
Ernsthafte Tripper gehören einer total anderen Gruppe an. Sie nehmen eine normale bis hohe Dosierung und haben häufig eine emotionelle Bindung zu den Zauberpilzen, die im Mittelpunkt ihres Lebens stehen. Man kann sagen, dass Rauschpilze einen bestimmten Einfluss auf ihr Leben ausgeübt haben. Leute aus dieser Gruppierung kombinieren Rauschpilze mit den Samen der Steppenraute (*Peganum harmala*). Diese Kombination erhöht die Wirkung der Psilos enorm. Nur sehr erfahrene Tripper wagen sich an dieses Experiment.
Eine dritte Gruppe nutzt die Wirkung der Rauschpilze therapeutisch, um so im Unterbewußtsein gezielt nach Traumata zu suchen oder z.B. mit dem Trinken von Alkohol aufzuhören.

ANWENDUNGSBEREICHE DER RAUSCHPILZE

Wie groß ist die Nachfrage nach Rauschpilzen eigentlich? Sind genaue Tatsachen bekannt? Die Antwort lautet nein, es bleibt beim Schätzen, Über-den-Daumen-Peilen und bei Prozentsätzen. Im zweiten Halbjahr 1996 untersuchte ein Team der Reichsuniversität Utrecht den Drogenkonsum auf großen Housepartys. Rund ein Drittel der Befragten hatte Erfahrung mit Rauschpilzen. Zwei Prozent davon hatten am Vorabend des Interviews Psilos genommen. Die meisten House-Leute nehmen Psilos lieber nicht auf einer Party, dort gibt es andere Mittel wie z.B. Ecstasy, die sich zum Ausgehen besser eignen.
Das Trimbos-Institut in Utrecht meint, dass rund vier Prozent der holländischen Schüler ab zwölf Jahren bereits einmal in ihrem Leben Psilos konsumiert haben. Nachforschungen zeigen hier, dass eineinhalb Prozent der Schüler weniger als einen Monat zuvor zum letzten Mal Psilos gebraucht hatten.

In einem Untersuchungsergebnis des GGD Groningen kommt eine kleinere Anzahl zum Vorschein. In diesem Gebiet haben 2,6 Prozent der Schüler schon mal Psilos eingenommen. Aber auch hier haben rund eineinhalb Prozent bereits im Vormonat konsumiert.
Vor allem der Teil der holländischen Jugend, der sich gerne ins Nachtleben stürzt und eine ganze Skala an Drogen ausprobiert, gehört zu der Gruppe, die bereits Rauschpilzerfahrungen hat. Man kann jedoch davon ausgehen, dass diese Gruppe Rauschpilze nicht regelmäßig einnimmt. Man experimentiert mit Psilos, das Resultat ist für viele Jugendliche jedoch nicht gerade ermutigend.
Wer eine höhere Dosierung nimmt, wird unweigerlich mit Aspekten konfrontiert, die nicht nur großartige und tolle Erlebnisse hervorrufen. Für die meisten Jugendlichen, die alles testen wollen, muß eine Droge Party-geeignet sein. Cannabis, Ecstasy und Speed passen besser in dieses Profil. Der Psychologe Hans Ossebaard am Zentrum für Suchtforschung an der Reichsuniversität Utrecht kommt in einem aktuellen Artikel auf 5000 Gebraucher in Holland, wovon der größte Teil männlichen Geschlechts ist.
Ich selbst schätze die Anzahl höher. Obengenannte Forschungen beziehen sich lediglich auf jugendliche Anwender, was politisch empfindlich und gerade darum interessant ist. Rauschpilze wurden jedoch bereits vor dem Eröffnen der Smart Shops eingenommen. Der harte Kern der Rauschpilzgebraucher besteht mehr aus Zwanzig-, Dreißig- und Vierzigjährigen als aus Teenagern. Die Gesamtzahl der Holländer mit Rauschpilzerfahrungen beträgt über 100 000.

WAHRE GESCHICHTEN VON RAUSCHPILZ-KONSUMENTEN

Tomek aus Amsterdam ist zwanzig Jahre alt. 1994, zu seinem 16. Geburtstag, nahm er mit seinem besten Freund zum ersten Mal Rauschpilze.

> Mit acht bin ich nach Holland gekommen, fühle mich jedoch überwiegend polnisch. In Polen haben Pilze einen anderen Stellenwert als in Holland. Jeden Herbst geht halb Polen zum Pilzesammeln in den Wald. Keine Psilos, gewöhnliche Pilze. Meine Eltern kennen verschiedene Arten, die die gleiche Wirkung haben wie die Psilos hier. Man findet sie auf Schafweiden. Ein winziger Hut mit einem dicken Stiel, so sehen sie aus. Sie sind anders als die Kahlköpfe.
> Als ich das erste Mal Psilos nahm, war ich sechzehn. Ich rauchte bereits seit einem Jahr Haschisch und hatte auch ein paar Mal Speed genommen.
> Tja, warum nahm ich Psilos? Ich wollte es einfach mal ausprobieren. Ich will alles einmal ausprobieren, außer Heroin. Wenn andere zum Vergnügen Psilos nehmen, muss da doch ein Aspekt sein, den ich kennenlernen will. Man sagt, Psilos wirken bewußtseinserweiternd. Das spricht mich an. Ich will gerne andere Welten in meinem Kopf entdecken.

Im Geschäft hat man uns aufgeklärt. Sie sagten uns: »Es ist das erste Mal, tut es zu Hause in einer vertrauten und ruhigen Umgebung.« Mein Freund und ich wollten jedoch »echte Kerle« sein und kümmerten uns nicht drum, was die sagten. Wir gingen in unseren Stammcoffeeshop, in dem wir täglich verkehrten und jeden kannten. Am Anfang merkten wir gar nichts. Wir kifften einen fetten Joint und fingen dann zu trippen an. Das Gefühl kannten wir damals überhaupt noch nicht. Damals dachte ich: Ach ja, diese Psilos, hahahaha! Mein Freund mußte auch schrecklich viel lachen. Wir probierten, einander nicht in die Augen zu schauen, weil es sonst nicht auszuhalten war. Es war jedoch total egal. Jedes Mal, wenn unsere Blicke sich kreuzten, mussten wir total laut lachen. Weil wir uns die ganze Zeit über so merkwürdig benahmen, fingen die Leute an, uns zu beobachten. Ich hatte bereits eine Zeitlang das Gefühl, dass uns jeder anschaute, und nun beobachteten sie uns tatsächlich. Das hat mich verrückt gemacht, ich wurde total paranoid. Darum gingen wir auch raus, ohne was zu sagen. Draußen war es wieder spitze, wir waren wieder ruhig und sicher. Wir spazierten ein Stück in unserem Stadtteil, der sich jedoch in eine ganz andere Welt verwandelt hatte. Hinterher fand ich es total stark. Ich dachte: Das will ich öfter mitmachen. Es gab ein paar unangenehme Momente, ich war mir jedoch darüber im klaren, dass ich das selbst in der Hand habe. Ich habe insgesamt achtmal Psilos genommen.
Später nahm das dann wieder ab. Ich bevorzuge Partydrogen, und Psilos sind echt keine Partydrogen. Zu Hause macht es am meisten Spaß, total ruhig. Das ist nichts für eine Fete und eignet sich auch nicht für regelmäßigen Gebrauch. Es ist ein Mittel, das man nur ab und zu benutzt.

Einen Monat danach nimmt Tomek wieder Rauschpilze, er ist das gesamte Wochenende über aus gegangen. Während der Ferien hat er eine Freundin zu Besuch. Die beiden verstehen sich nicht. Zusammen nehmen sie Rauschpilze. Tomek stellt unter deren Einfluss fest, dass er aggressiv wird, und weiß sich keinen Rat. Er landet in einem Bad Trip. Er hat sich vorgenommen, vorläufig keine Rauschpilze mehr zu nehmen.

IM WALD

Ludmilla aus Amsterdam ist 26. Mit 18 nahm sie zum ersten Mal Psilos und war von der Wirkung enttäuscht. Sie kannte Ecstasy und erwartete von den Psilos stärkere Effekte als von den Pillen. Ludmilla hat mehrmals Rauschpilze eingenommen, stets jedoch nur in leichter Dosierung auf Parties.
Eine unangenehme Erfahrung hatte sie, als sie mit einer guten Freundin Psilos nahm. Unter dem Einfluss der Zauberpilze wollten die beiden Freundinnen total andere Dinge unternehmen. Ludmillas Freundin muss viel lachen und will zu Hause bleiben, während Ludmilla selbst den Drang verspürt, nach draußen zu gehen, und mehr in sich gekehrt ist.

Als sie zusammen mit ihrem triperfahrenen Freund Zauberpilze nimmt, erlebt sie alles ganz anders. Eines schönen Tages im Frühling 1997 fahren sie mit einer Thermoskanne Psilotee im Gepäck in den Wald. Zum ersten Mal hat Ludmilla Visionen:

> Eine halbe Stunde nach dem Trinken des Tees verändert sich meine Wahrnehmung. Es ist grade so, als ob ich alles deutlicher sehen kann. Wir laufen auf enorm großen Moosstücken durch den Wald. Ich fühle mich wie ein Kobold, der durch die Wolken fällt. Bald schon kann ich nicht mehr weiterlaufen und muss mich hinlegen. Zum Glück geht es meinem Freund gleich. Wir suchen uns einen schönen Fleck aus, breiten unsere Decke aus und legen uns hin.
> Es ist herrlich, alles sieht so schön aus, die Luft, die Bäume, die Sträucher. Ich kann alles ganz deutlich hören, das Tschilpen der Vögel und die knackenden Geräusche der kleinen Tiere in den Sträuchern. Es ist großartig. Ich komme mir selber wie ein kleines Tier im Wald vor, fühle mich innerlich unglaublich ruhig, zufrieden und entspannt. Ich fühle mich sogar so ruhig, dass mir die Idee kommt, dass die Vögel bald auf mir landen werden, weil sie mich für einen Baum halten.
> Herrlich. Ich habe das Gefühl, dass ich gegen die ganze Welt ankomme. Es ist fantastisch, dieses Gefühl mit meinem Freund zu teilen. Wir haben genau die gleiche Wellenlänge, kuscheln uns aneinander und genießen eng ineinander verschlungen den herrlichen Trip. Ich merke, dass die Angst vor den Rauschpilzen total verschwunden ist. Ich habe keine Angst, mich gehen zu lassen, plötzlich weiß ich, dass es in Ordnung ist.
> Ab und zu werden meine Augen schwer, und zum ersten Mal sehe ich Dinge. Die Farben gelb und rosa beherrschen mein Blickfeld. Langsam nehmen die Farben Form an. Sie werden rund und bewegen sich wellenförmig über meine Netzhaut, verändern sich in braun, orange und rostrot.
> Plötzlich liege ich auf dem Boden eines Brunnens. Über mir ist Wasser und der Rand des Brunnens. Alle Insekten sitzen am Brunnenrand und beobachten mich aus riesigen, glänzenden Augen. Sie spucken ins Wasser, wodurch sich Kreise bilden.
> Ich schau mich um und fühl mich unglaublich stark. Ich bin so froh, endlich was zu sehen zu kriegen. Und was ich sehe, ist sehr angenehm. Das klingt vielleicht ein bisschen merkwürdig, mit spuckenden Insekten und so. Sie spucken jedoch nicht auf mich, sondern ins Wasser.
> Kurz darauf merke ich, wie der Trip abklingt. Ich sehe weniger deutlich und höre auch nicht mehr so optimal. Wir kehren zum Auto zurück, und ich bin völlig desorientiert. Schade, dass dieser fantastische Trip vorbei ist. Ich hätte noch stundenlang weitermachen können.
> Meine Angst vor den Rauschpilzen ist total weg, ich befinde mich in einer ruhigen Umgebung, in der ich mich gehenlassen kann. Meine früheren Psilotrips schmiss ich beim Ausgehen oder beim Spazierengehen durch die Stadt. Da wurde ich mit nüchternen Menschen konfrontiert, mit grellen Lichtern und Musik, die ich nicht hören wollte. Ich konnte nicht in mich gehen und wurde wortwörtlich von draußen abgelenkt.

SELBSTERKENNTNIS

John Wesseling ist 33 und steht kurz vor dem Abschluß seines Geschichtsstudiums. Er weiß nicht sicher, ob er noch ein paar Jahre weiterstudieren will. Er schreibt regelmäßig Artikel über religiöse Angelegenheiten für eine einheimische Morgenzeitung. Auf seinem rechten Arm trägt er die Tätowierung eines lebensgroßen *Psilocybe semilanceata*. Mit 16 nahm er zum ersten Mal Rauschpilze:

> Ich hatte die Psilos eingenommen und wußte plötzlich nicht mehr, wer ich war. Ich setzte meine Sonnenbrille auf. Danach passierte eine halbe Stunde lang gar nichts, bis ich die Sonnenbrille abnahm: BUMM!! Ich war in einem total anderen Film gelandet. Ich befand mich noch auf der Erde, aber alles sah anders aus!
>
> Zwei Jahre danach, als ich 18 war, wohnte ich mit ungefähr zehn Menschen in einem besetzten Haus an der Prinsengracht in Amsterdam. Wir sammelten die Psilos in einem Polder außerhalb der Stadt. In dem Jahr fanden wir enorm viele Pilze. Damals haben wir dann auch ernsthaft mit dem Experimentieren angefangen.
>
> Wir wollten uns selbst erforschen. Wie funktioniert der Geist eigentlich? Wie nimmt man die Welt um sich wahr? Dahinter wollten wir also kommen. Drei Monate lang waren wir zu zehnt damit beschäftigt, jeden Tag aufs neue. Nach einiger Zeit konnten wir mit den anderen Leuten in der Wohngemeinschaft nicht mehr so gut kommunizieren. Es wird einem immer gesagt, dass man einen Tag nach einem Psilotrip nichts von der nächsten Dosis merkt, ich habe jedoch eine ganz andere Erfahrung. Nach dreimonatigem Gebrauch reagierte ich superempfindlich auf die Psilos. Ich brauchte nur noch vier oder fünf einzunehmen, um auf der Höhe zu sein.
>
> Diese drei Monate hatten auf meine eigene Entwicklung großen Einfluss, ich habe unglaublich viel von den Psilos gelernt und mich dadurch auf eine ganz andere Weise kennengelernt. Vielleicht ist es eine Rosskur, der Mensch hält jedoch viel zu sehr an seinen Denkmustern fest. Identität und Persönlichkeit, die Vorstellung von sich und der Welt sind wie ein Käfig, den man aus eigenen Denkmustern zusammensetzt. Tritt man einen Schritt zurück und betrachtet sich dann mit Abstand, wird einem deutlich, wo sich die eigenen Scheuklappen befinden. Das war für mich sehr wertvoll.
>
> Es war sehr wichtig, länger und regelmäßig mit den Psilos zu experimentieren. Ich mußte die Substanz erst kennenlernen und lernen, sie ruhig anzuwenden; ich musste damit leben lernen, ich mußte drüber nachdenken, um mich schließlich weiterzuentwickeln. Hätte ich das nicht getan, wäre ich vom Überraschungseffekt der spektakulären Seiten des Trippens wie von einer Dampfwalze überrollt worden.
>
> Ich nehme immer noch regelmäßig eine Handvoll Psilos. Nicht weil ich es so dringend nötig habe, sondern um mich ein bißchen aufzufrischen. Die Psilos rütteln mich auf, ich bekomme neue Ideen und Einsichten. Das Leben neigt zur Konditionierung, der Mensch ist ein Gewohnheitstier. Psilos sind eine gute Medizin gegen das Festhalten verkehrter Gewohnheiten. Sie sind jedoch kein Wundermittel.

Was mich betrifft, find ich Psilos total sicher. Ich habe noch niemanden erlebt, der durch Pilze abgestürzt wäre. Das ist sehr wichtig, wenn man so intensiv konsumiert, wie ich das getan habe.

EIN SCHÖNER TAG ZUM STERBEN

Sotirios Kounelas ist 28 und wohnt in Nijmegen (Niederlande). Im Buch des amerikanischen Drogenpropheten Terence McKenna las er über die »heldenhafte Dosierung« von 5 Gramm getrockneter »Mexikaner«. Sotirios folgte dieser Tat und ging mit seinem Freund Twan auf Heldentour:

> Ich hatte bereits mehrmals mit 5 Gramm getrippt, einmal sogar mit 10. Ich hatte jedoch noch nie Erfahrungen wie Terence McKenna: Entitäten und UFOs sehen. Ich glaube, dass dies sehr von der Qualität der *Psilocybe cubensis* abhängt, und die kann variieren. Zum Glück hatte ich von einem guten Bekannten 10 Gramm getrocknete *Psilocybe cubensis* von höchster Qualität erhalten.
>
> Um Viertel vor zwölf aßen Twan und ich je ein Butterbrot, das mit Sirup und 5 Gramm feingehackten mexikanischen Psilos belegt war. Schon nach fünf Minuten setzte eine leichte Wirkung ein. Schnell bestiegen wir unsere Fahrräder, um wie geplant in den Wald zu fahren. Wir radelten zu einem Naturgebiet in der Nähe von Nijmegen. Das Fahrradfahren war nicht einfach. Ich musste mich total konzentrieren. Die Psilos waren superstark, soviel war bereits klar. Twan und ich wollten eigentlich spazierengehen, was jedoch nicht möglich war. Gehen bereitete uns große Mühe, daher suchten wir uns ein ruhiges, abgelegenes Feld, um uns dort von unserer stärksten Stonedheit zu erholen.
>
> Es war ein herrlich sonniger Tag mit unbewölktem blauem Himmel und vielen Herbstfarben. Die nordamerikanischen Lakota-Indianer würden dies einen »schönen Tag zum Sterben« nennen. Ich war völlig entspannt und konnte dadurch die Wirkung der Psilos ganz über mich ergehen lassen. Die Schönheit der Umgebung und die Geräusche der Tiere sorgten dafür, dass ich mich im Einklang mit der Natur fühlte. Es schien, als ob ich mit allem detailliert kommunizieren konnte. Als ob ich ins kosmische Meer getaucht wäre, das das Bestehen von allem repräsentiert, als ob ich in Liebe baden ging, Liebe, dem Schlüsselwort, das alles miteinander verbindet. Was für eine Freiheit, was für ein Glück!
>
> Ich schloß meine Augen und sah eine Ei- und eine Samenzelle zusammenschmelzen. Aus der Verbindung entstand ein Embryo. Der Embryo wuchs zum Fötus heran, und ich merkte, dass ich das war, der da im Fruchtwasser rumschwamm, im »Urwasser« der Schöpfung. Wie in einem Film sah ich meine eigene Entstehungsgeschichte an mir vorbeiziehen.
>
> Plötzlich wurde ich mir einer Gefahr bewusst. Alles in meiner Umgebung fing an zu beben, die Blätter raschelten auf dem Boden, und ich fühlte einen enormen

Energiesog. Enormer Brechreiz würgte mich, es kam jedoch nichts raus. Es tat weh, als ob es die Schmerzen meiner Mutter waren. Was passierte da, warum wird meine Ruhe gestört? Warum diese gewaltige Explosion?

Wie beim Durchbruch eines Deiches wurde ich vom Terror mitgerissen. In Schleim verpackt und von Feuchtigkeit umgeben, fand ich mich in einer Art Schlaufe wieder. Alles stand still, keinerlei Geräusche, und ich fand mich jedes Mal erneut in demselben Fragment wieder, keine Kontrolle oder Sicherheit spürbar. Es war grau und dunkel um mich rum, und ich fühlte eine enorme Angst: Sterbe ich, oder bin ich bereits tot? Was habe ich genommen, LSD, Ecstasy oder Psilos? Wer bin ich eigentlich?

Auf einmal kam ich aus dieser Schlaufe, ich sah Licht und hörte Vögel singen. Ich öffnete meine Augen und merkte, dass ich in der Haltung eines Neugeborenen im Gras lag. Ich fühlte herrliche Schauer über meinen Körper rinnen und war tief in meinem Innersten völlig rein. Ich schaute zum blauen Himmel hoch und wusste nicht, wo ich war. Eigentlich machte es mir auch nichts aus. Ich fühlte mich sicher und beschützt. Jemand rief mir zu: »Wir müssen hier weg!« Es war Twan. Er machte einen schockierten Eindruck und redete über merkwürdige Würmer, die er gesehen hatte und mit denen er nichts zu tun haben wollte. Ich wollte was sagen, brachte jedoch kein Wort raus. Was war mit meiner Stimme passiert? Warum konnte ich nicht mehr sprechen? Ich nickte nur, und wir liefen zu unseren Fahrrädern.

An der Art und Weise, wie wir liefen, war uns klar, dass es besser wäre, nicht zu radeln. Wir standen immer noch unter Einfluss der Psilos. Ich merkte es nicht, weil ich mir überhaupt keiner Gefahr bewusst war. Ich wusste noch nicht mal, was Gefahr war. Nach einer riskanten Fahrradtour erreichten wir Nijmegen und besuchten einen gemeinsamen Freund, bei dem wir Kaffee tranken und eine Weile sitzenbleiben konnten. Ich konnte zu diesem Zeitpunkt noch immer nicht reden und nickte nur, wenn man mich was fragte. Twan führte inzwischen das Wort und schilderte seine Erlebnisse. Ich konnte mich nicht darauf konzentrieren und starrte auf den Holzfußboden.

Plötzlich hing eine Energiewolke über dem Boden, als ob transparente Plastikfolie in 10 cm Höhe über dem Fußboden schwebte. Auf oder in dieser Energielage fand ein prächtiges symbolisches Schauspiel statt. Allerlei Formen und Symbole der ägyptischen Antike zogen wie ein Film an mir vorbei. Ich sah Statuen von Pharaonen, Pyramiden, Sphinxen, Stierhörner, Ankh-Symbole, Grabkammern, Hieroglyphen usw. Was das bedeutete, oder die Botschaft, die dahinter steckte, keinen blassen Schimmer! Vielleicht habe ich ja eine Zeitreise in die Vergangenheit unternommen.

Ich hörte, wie jemand im Zimmer sagte: »Den hat's total gepackt«, worauf ich hochsah und nickte. Ja, mich hatte es gepackt, und es war noch nicht vorbei.

Twan machte sich fertig um wegzugehen, wir wollten zum Strand an der Waal, die Fahrräder ließen wir stehen, wir brauchten doch nur fünf Minuten zu gehen. Ich merkte, dass ich viel besser laufen konnte als zuvor. Am Strand angekommen, ging jeder seines eigenen Weges, um zur Ruhe zu kommen. Mit Siegesgefühl bewunderte ich nach allem, was ich durchgemacht hatte, fröhlich und glücklich das Strömen der

Waal. Eine leichte Brise kam auf, die durch meinen Körper hindurch zu wehen schien, wodurch sich die Schauer, die ich noch immer fühlte, verstärkten. Erneut ging ich total in der Schönheit der Natur auf.

Plötzlich fühlte ich an der rechten Seite meiner Schläfe eine Luftveränderung. Es war nicht der Wind, der draußen wehte, ich fühlte es nämlich nur an dieser einen Stelle meines Körpers. Der Luftstrom nahm zu und wurde turbulent. Es war ein herrlich streichelndes Gefühl und sehr mysteriös. Nach einiger Zeit verschwand es.

Ich schaute in die Luft empor und sah aus dem Nichts eine hellgraue Wolke entstehen. Das war merkwürdig, weil der ganze Tag wolkenlos war. Die Wolke wurde stets größer und nahm schließlich die Form eines Pilzhutes an, der purpur erstrahlte. Die Pilzwolke kam immer näher. Auf einmal blieb sie in der Luft vor mir hängen. Ich fühlte kein einziges Mal Unruhe oder Angst. Ganz im Gegenteil, ich fühlte mich sehr wohl und schaute fasziniert zu.

Aus dem unteren Teil meines Körpers stieg eine enorme Kraft nach oben, die direkt durch meinen Körper knallte und sich durch meinen Schädel nach draußen bohrte, wo ich die Energie als eine Art Verlängerung strömen fühlte, als ob ich *gebeamt* würde. Ich stand unter Hochspannung und fühlte mich so stark, als ob ich die gesamte Kraft des Kosmos in mir hatte. Eine Energie, die ich Wochen danach noch in leichtem Maße fühlen würde. Ich blickte zur Pilzwolke empor und sah eine Anzahl wassertropfenförmiger Köpfchen mit großen dunklen Augen und vagen, mageren Körpern. Sie sprachen in einer Sprache zu mir, derer ich nicht mächtig war. Der Klang ihrer Sprache war bezaubernd schön und in einer hohen Geräuschfrequenz, die ich nie zuvor gehört hatte. Obwohl ich nicht verstand, was sie sagten, hatte ich das Gefühl, dass ich in Zukunft noch dahinterkommen werde.

Die Entitäten verschwanden nach ihrer Ansprache, und die fliegende Pilzwolke zog wie eine sich bewegende Nebelwolke weg, bis sie aus meinem Blickfeld verschwand.

Twan kam auf mich zu, um mir zu sagen, dass er gehen wollte, weil ihm kalt war.

»Ja, lass uns gehen«, sagte ich und merkte, dass ich wieder sprechen konnte. Bei den Fahrrädern angekommen, umarmten wir einander herzlich, als ob wir wussten, dass wir beide eine schwere Reise hinter uns hatten.

ZAUBERPILZE BEI DEN MAZATEKEN

Bas van Doesburg ist ein 32jähriger Archäologe an der Universität Leiden. Sein Arbeitsgebiet umfasst Archäologie und Kunstgeschichte der Indianer Amerikas. Seine Abschlussarbeit handelte vom Landbaukalender der Mazateken Mittelmexikos. Bas van Doesburg spricht ein wenig mazatekisch und hat ein Jahr in Huautla de Jiménez gewohnt, dem Wohnort der berühmten Zauberpilzmedizinfrau Maria Sabina. Die Zauberpilzzeremonie, die Gordon Wasson 1955 entdeckte, ist dort noch immer quicklebendig:

Will man wissen, wie die Mazateken Zauberpilze benutzen, dann muss man erst wissen, wie das Weltbild der Mazateken aussieht. Deren Weltbild kann – im Gegensatz zu unserem mechanistischen Betrachten – als ökonomisch angesehen werden. Welt, Berge, Flüsse, Brunnen und Grotten bestehen aus mächtigen Geistern, die unser Leben vom Anfang bis zum Ende beeinflussen. Ein und derselbe Geist kann, abhängig vom menschlichen Benehmen, Harmonie oder auch Krankheit bringen. Im christlichen Weltbild wird das Böse vom Guten besiegt. Die Mazateken denken mehr an eine Welt, in der es sich darum dreht, Gut und Böse im Gleichgewicht zu halten. Das ist eine total andere Einstellung. Sie versuchen nicht, das Schlechte zu besiegen, sondern die Geister günstig zu stimmen und sie so zu beschwichtigen.
Die Personen, die dieses Gleichgewicht bewahren, sind die *Curanderas* und *Curanderos*: die Medizinfrauen und die Medizinmänner. Wie wird man Curandero? Meistens bekommt jemand nach schwerer Krankheit eine Vision, in der ihm die Götter mitteilen: »Du musst es tun«. Da kommst du dann auch nicht drum herum, tust du es nämlich nicht, stirbst du. In den meisten Fällen wird es als Vision beim heiligen Berg Nindo Sen erklärt, einem mythischen Berg, der in der materiellen Welt nicht existiert. Dieser unsichtbare Berg liegt im Osten, der Richtung des Lebens, der Kraft und der Fruchtbarkeit. Da wohnen Gott, Geister, Heilige und Apostel. Die zwölf Apostel sitzen an einem langen Tisch, auf dem ein dickes Buch liegt. In der Vision reist man ostwärts und trifft dann im Berginneren auf die Geister, die einem die Weisheit aus dem Buch übermitteln.
Sobald man aufwacht, muss man sein Wissen einsetzen. Ein Curandero kann eigene Rituale durchführen. Wie ein Ritual ausgeführt wird, ist der persönlichen Freiheit überlassen. Manche Curanderos geben einem Zauberpilze und nehmen selbst nichts, oder andersrum.
In vielen Elementen stimmen die Rituale jedoch überein, sie finden nachts in einem Haus statt. Auf keinen Fall draußen, auf keinen Fall hüpft man fröhlich in den Bergen rum. Das wars auch, was den Mazateken am Verhalten der Vollidioten, die in den Sechzigern bei ihnen auftauchten, so bizarr erschien. Schließlich läuft man nicht mit Zauberpilzen im Kopf in die freie Natur! So überlebt man es garantiert nicht. Man kann nicht einfach so eins, zwei, drei mit Psilos im Kopf in die Geisterwelt einsteigen, da muss man sich vorsichtig darauf vorbereiten. Dafür haben sie eigene Techniken, da kommen die Regeln her. Man sitzt zu Hause im Dunkeln und erbittet die Unterstützung der Geister, der Heiligen und Gottes. Dann fängt man langsam mit Singen und Beten an und zieht sich danach auch langsam wieder zurück. Man läuft also nicht wie ein Irrer ohne Struktur davon. Es besteht die Gefahr, dass man dem Pfad nicht folgen kann. Entweder bleibt man drauf, oder man hat nichts davon. Man kann nach einem Trip denken: Ja, es war super, mehr aber auch nicht. Die Mazateken jedoch wollen das Maximale rausholen.
Für die Mazateken gibt es zwischen Kultur und Natur einen Gegensatz, und dieser liegt tief. Sobald man ein Dorf verlässt, kommt man in die freie Natur. Hier ist der Sitz des Berggottes, da muss man aufpassen, weil der Mensch dort schwach ist. Erschrickt man, weil eine Schlange über den Pfad kriecht, ist man gefährdet. Beim Erschrecken

ist man verletzbar, und genau dann können Geister einem einen Teil des eigenen Geistes abspenstig machen.
Der Landbau findet größtenteils in der Natur statt. Viele Rituale müssen abgehalten werden, damit man den Grund benutzen und ernten darf. Man braucht die Zustimmung des Berggottes, und diese kann man erbitten oder erzwingen. Es ist nicht so, dass man abwarten und leidend betteln muss, bis ein Maiskolben wächst. Nein, man kann es auch erzwingen. Wird ein Ritual gut durchgeführt, kann die Natur nichts dagegen unternehmen. Es ist eine Art Rechtssystem.
Wenn andererseits etwas verkehrt abläuft, dann sitzt man echt in der Patsche. Maria Sabinas Vater war in einen sehr bekannten Fall verwickelt. Vor langer Zeit schürte ihr Vater ein Feuer, das unerwartet auf einen anderen Acker übergriff. Der Acker gehörte der Natur, da hatte noch kein Ritual stattgefunden. Der Mann wurde vom Berggeist gestraft, weil er ohne Erlaubnis ein Stück Land abgebrannt hatte. In diesen Fällen geschieht es häufig, dass im Genick des Schuldigen enorme Beulen entstehen, eine Art Warzen. Der Ablauf der Krankheit ist tödlich, das ist die Strafe des Berggottes.
In so einem Fall könnte man in einem Zauberpilzritual mit der Medizinfrau oder dem Medizinmann rausfinden, ob man den Geist beruhigen kann. Das muss man sich jedoch nicht zu konkret vorstellen. Man denkt darüber nach, bekommt Visionen, spricht mit dem heiligen Petrus und mit dem heiligen Paulus, kehrt zurück, streut Maissamen und betrachtet das Muster. Anhand dieser Maissamen wird bestimmt, was getan werden muss. Bei Maria Sabinas Vater konnte kein Ritual helfen. Vier oder fünf Jahre nachdem er seinen Fehler begangen hatte, verschied er an den Beulen im Genick. Zauberpilze werden in den schwersten Fällen eingenommen. Für weniger ernsthafte Probleme können die Curanderos auch in eine Kerzenflamme schauen, Maissamen werfen oder Karten legen.
Ich lebte bei einer Frau im Haus, die innerhalb eines Jahres ihre beiden ältesten Kinder bei Unglücksfällen verloren hatte. Ihr Sohn fiel von einem Lastwagen, ihre Tochter überlebte eine Operation nicht. Das Ehepaar hatte sein gesamtes Vermögen in die beiden ältesten Kinder investiert. Beide Kinder hatten ihr Studium abgeschlossen. In einem Schlag war ihre Zukunft wie weggefegt. Die Frau war ratlos, sie wusste nicht mehr weiter. Sie ging zum Curandero und nahm Zauberpilze. Nach eigener Schilderung hat sie mit den Geistern des St. Petrus und St. Paulus gesprochen und ihre Kinder im Himmel gesehen, hat verstanden, dass alles in bester Ordnung ist und sie nicht traurig auf der Erde sitzen, sondern hier durch musste. Das war die Botschaft der Zauberpilze. Von dem Moment an konnte sie wieder weiterleben. Die Vision hat ihr geholfen, einen bestimmten Punkt im Trauerprozess zu überwinden.
Die Rituale helfen jedoch auch bei irdischeren Sachen. Wurden alle Hühner gestohlen, kann der Bestohlene zum Curandero gehen, um so die Identität des Diebes herauszufinden. Das ist mit dem Werfen der Maissamen oder der vorhersagenden Kraft der Zauberpilze möglich. Man kann damit rechnen, den Dieb vor sich zu sehen.
Ich selbst habe auch an Ritualen teilgenommen. Ich schrieb ein Buch über den Landbaukalender und sollte dafür mit einem Mazateken zusammenarbeiten. Der Mann schlug vor, Zauberpilze zu nehmen, um zu sehen, wie sich die Zusammenarbeit wohl

gestalten würde. Wir haben die Zauberpilze ganz traditionell gegessen: nachts im Dunkeln, mit Heiligenbildern. Es war keine offene Erfahrung. Mir wurde klar, dass ich für einen Forschungsauftrag in Huautla de Jiménez war. Es war sehr schwierig, diesen Forschungsauftrag mit den Pilzgöttern in Einklang zu bringen. Die Schlußfolgerung, die wir beide daraus zogen, war: »Wir müssen an dem Buch arbeiten, es wird nicht immer einfach sein, und wir werden nicht immer einer Meinung sein.« Man merkt die Verschiedenheit voneinander. Der Unterschied in Motivation, Hintergrund, das Gefühl, das man bei einer Sache hat. Schließlich ist es gelungen, es war jedoch ein mühsamer Forschungsauftrag, und die Zusammenarbeit war nicht immer einfach. Das hatten die Zauberpilze gut gesehen.

Die traditionelle Art des Lebens verschwindet schnell in Mexiko, und dafür gibt es verschiedene Gründe. Was die Zauberpilze betrifft, so sieht man, dass es für die Curanderos ziemlich schwierig ist, integer zu bleiben. Jeden Monat tauchen Touristen auf, die oft sehr merkwürdige Ideen haben. Viele Mazateken sind arm; bietet ihnen ein Bleichgesicht dreihundert Gulden für ein Ritual, dann bekommt es auch eins. Das ist jedoch sinnlos, weil dies Touristencuranderos sind. Will man die nicht, wird es schwierig, weil ein Touristencurandero einem nicht sagen wird, wer ein echter Curandero ist und wer nicht. Auch von anderen Mazateken wird man darüber nichts hören. Die verdienen eine Provision, wenn sie jemanden zu einem Touristencurandero bringen. Ich ärgere mich über so manchen weißen Touristen, der für ein Ritual kommt. Wenn jemand Zauberpilze nehmen will, warum dann nicht zu Hause, im eigenen Land?

Eigentlich geht es um die Erfahrung, ungeachtet dessen, ob man ein Bleichgesicht oder ein Indianer ist, und die kann man nicht in eine Regel fassen. Das geht nicht, dafür gibt es keine Form. Ein Indianer kann einem nicht mehr Einsicht beim Einnehmen der Psilos bieten als man sich selbst.

In einem Weltbild, wie ich es oben beschrieben habe, kann man Psilos sakral anwenden, mit der Gegenüberstellung Natur – Kultur. Die Zauberpilze sind ein sehr starkes Naturmittel. Das ist ein Mysterium, genau wie eine Quelle, die aus dem Nichts entspringt. Woher kommt das Wasser? Es ist jedoch unnötig, in die Quelle zu pissen oder sich die Füße drin zu waschen. Mit den Zauberpilzen flippt man auch nicht einfach so aus, man muß vorsichtig damit umgehen.

Ich bin davon überzeugt, dass der traditionelle Zauberpilzkult bestehen bleibt. Es gibt in Mexiko keinerlei Tendenz, die darauf hinweist, dass den Zauberpilzen ein Verbot droht. Am schädlichsten sind die Touristen. Hier bei uns wachsen die Zauberpilze auch, darum sage ich: »Iss sie hier zu Hause und geh nicht dorthin.«

Es ist dasselbe wie mit den Coffeeshops bei uns zu Hause. Kein Problem, für viele Leute ist es ganz natürlich. Die Scheiße fängt erst dann an, wenn Ausländer es so supergeil finden, hierher zu kommen, obwohl sie in Frankreich genauso gut Stoff kriegen können.

Drogen sollte man im eigenen Land halten, sie müssen lokal bleiben, dann kommt es auch nicht so schnell zu Exzessen. Das Angebot bleibt beschränkt, es bleibt in einem Kreis von Menschen, die sich um die Produktion bemühen müssen. Dann ist

es schwierig, Schlagzeilen zu machen. Ich persönlich finde es sympathischer, wenn es unter den Leuten bleibt.
Ich sehe das positiv und glaube nicht, dass die Zauberpilze hier jemals verschwinden, ob man nun ein Verbot erteilt oder nicht. Ein Verbot ist total willkürlich. Damit trifft man höchstens die Inhaber der Smart Shops. Tja, es ist eine traurige Sache, aber deswegen liege ich nachts nicht wach. Die finden schon was anderes.
Das Gute bei halluzinogenen Mitteln ist, dass sie gesetzlich nur schwer zu packen sind. Man kann eine Pflanze doch nicht verbieten. Das wäre ja total lächerlich. Diese Pflanze ist erlaubt, eine andere illegal.
Als vernünftiger Mensch kann man sich so doch nicht äußern. Pflanzen sind einfach da.

ZAUBERPILZE UND HELLSEHEREI

Prof. Dr. Dick Bierman arbeitet am Lehrstuhl für Parapsychologie der Reichsuniversität Utrecht.
In einem Studentenforschungsauftrag führte er Experimente mit Hellseherei durch. 1997 erforschte er mit seinen Studenten die Effekte von Psilos in einem experimentellen Rahmen.
Probanden wurden in einen Raum geführt, in dem sich ein Videorekorder und ein Fernsehapparat befanden. Auf dem Bildschirm wurden vier Videoclips gezeigt, die die Probanden nicht sehen konnten. Die Testpersonen lagen in einem gemütlichen Stuhl, bekamen halbierte Pingpongbälle über ihre Augen geklebt, auf die ein rotes Licht schien, und trugen Kopfhörer mit lautem Rauschen.
Die Chance, dass eine Testperson einen dieser vier Videoclips errät, beträgt 25%. Probanden unter dem Einfluss psychedelischer Pilze haben jedoch eine mehr als doppelt so hohe Erfolgsquote, nämlich 58%!
Nachdem dieses Experiment jedoch nur mit zwölf Probanden durchgeführt wurde, ist es unmöglich, diese kleine Gruppe mit einer viel größeren Gruppe Probanden zu vergleichen, die über einen Zeitraum von vierzehn Jahren nüchtern an einem ähnlichen Experiment teilnahm. Trotzdem ist die Erfolgsquote enorm hoch, und man darf hoffen, dass in Zukunft mehr wissenschaftliche Experimente mit Hilfe psychedelischer Pilze durchgeführt werden.[25]
Die hellseherischen Fähigkeiten der Testpersonen werden während einer »Ganzfeld«-Sitzung getestet. Der Zweck der Ganzfeld-Aufstellung ist ein Reizentzug der Sinnesorgane. So können sich die Testpersonen total darauf konzentrieren, was vor ihrem geistigen Auge passiert.
Ein Stockwerk höher befindet sich eine andere Person in einem Zimmer. Diese Person ist der »Sender«. Sie/er schaut sich einen Videoclip an und versucht, die emotionelle Ladung an die Testperson in der Ganzfeld-Umgebung zu übermitteln. Der Videoclip wird mehrere Male abgespielt, und genauso oft versucht der

Sender, den Clip an die Testperson zu übermitteln. Nach ungefähr drei Viertelstunden werden der Testperson vier Videoclips gezeigt. Die Chance, dass die Testperson einen der vier Videoclips richtig errät, beträgt 25%. Ist die Erfolgsquote bedeutend höher als 25%, spricht man von einer bestimmten Form des Hellsehens. Das Ganzfeld-Experiment umfaßt ein international standardisiertes Verfahren. Damit wird in verschiedenen Forschungszentren gearbeitet.
Betrachtet man schließlich die Resultate der (nüchternen) Ganzfeld-Experimente, die in den letzten zehn Jahren durchgeführt wurden, beträgt die Anzahl der Volltreffer durchschnittlich 33%, eine Abweichung, die statistisch »astronomisch signifikant« genannt wird, eine Abweichung, die auch von kritisch denkenden Wissenschaftlern nicht länger nonchalant als Zufall unter den Teppich gekehrt werden kann.
Die zwölf Testpersonen der Studentenforschung erzielten jedoch eine viel höhere Erfolgsquote als 33%, nämlich 58%.
Eine Wiederholung des Ganzfeld-Experiments unter Einfluß psilocinhaltiger Pilze fand im Sommer 1998 im Parapsychologischen Institut Utrecht statt.
Die Testpersonen unterzogen sich einmal nüchtern und ein anderes Mal mit 3 Gramm getrockneten *Psilocybe cubensis* dem Experiment. Diese Menge genügt für einen durchschnittlichen Trip. Ich hatte mich als Freiwilliger zur Verfügung gestellt. Während ich im Ganzfeld-Zimmer auf dem Bett lag, zwei halbierte Pingpongbälle über meine Augen geklebt, einen Kopfhörer mit ziemlich lautem Rauschen über meinen Ohren, musste ich unwillkürlich an die Folterszene in Stanley Kubricks *A Clockwork Orange* denken. Der große Unterschied war jedoch, dass man mir zuhörte: Ich hatte ein Mikrofon bei mir und musste alles sagen, was in mir hochkam. Ich sah, wie eine Tänzerin sich mit gespreizten Armen elegant drehte, und sprach kurz danach ins Mikrofon: »Ich sitze im Cockpit neben einem ordentlich gekleideten Mann, der ein weißes Hemd mit aufgerollten Ärmeln trägt.« Später, noch immer unter vollem Einfluß der Rauschpilze, musste ich von vier Videoclips einen auswählen. Zwei der Clips waren so brutal, dass ich mich weigerte hinzusehen. Einer der beiden Clips enthielt eine Cockpit-Szene, in der zwei Piloten mit weißen Hemden und aufgerollten Ärmeln verzweifelt versuchten, den Flugzeugabsturz zu vermeiden. Das war der Clip, den mein »Sender« mir übermitteln sollte. Die Studentin, die als Sender fungierte, berichtete hinterher, wie sie auf verschiedene Art und Weise versuchte, mir die Nachricht zu übermitteln. Sie fertigte Zeichnungen von einem Flugzeug an und ahmte mit gespreizten Armen die Bewegungen des Fliegens nach. Das also war die Tänzerin, die ich vor meinem geistigen Auge sah! Weil ich mich jedoch weigerte, den Clip mit dem Flugzeugunglück anzusehen, wählte ich einen anderen Clip, der eine Bauchtänzerin zeigte, und diese Wahl war falsch. Ich war enttäuscht, wollte ich doch gerne ein gutes Resultat in diesem Experiment erzielen. Ich schrieb Prof. Dr. Bierman, dass es seiner Forschung nicht dienlich sei, trippenden Testpersonen gewaltvolle Clips zu zeigen. Er nahm meine Beschwerde ernst, unterzog sich selbst einer Sitzung und ließ das Forschungsteam die Resultate genau betrachten. Im allgemeinen

wird in diesem Experiment ein wenig nach unten verschoben. Neun Richtige in 40 Sitzungen (22,5%). Eine nähere Analyse wies einen intrigierenden Interaktions-Effekt auf: In normalem nüchternem Zustand betrug die Erfolgsquote mit negativ geladenen Clips 43% gegen eine Zufallserwartung von 25%. Im Psilocybinzustand dagegen wurden die positiven Clips richtig gewählt (44%). Den Testleitern fiel auf, dass Psilocybin der Beurteilung (dem Überhaupt-anschauen-Wollen) negativer Clips nicht förderlich war. Der emotionelle Beitrag eines psychedelischen Trips wird von der Umgebung getragen. Die Ausstrahlung eines Horror-Clips wurde vom Tripper gemieden, weil das Zulassen gruseliger Bilder die Angst vor dem Abgleiten in einen Bad Trip mit sich bringt.[1]

Während der »Psychoactivity«-Konferenz im Oktober 1998 in Amsterdam meinte Prof. Dr. Bierman während seiner Vorlesung, dass er diese Resultate in weiteren Experimenten berücksichtigen werde. Das Flugzeugunglück, der Mord an Kennedy und der Clip eines Mannes, der lebendig begraben wird, werden abgesetzt, stattdessen werden Filme mit positiver emotioneller Ladung gezeigt.[2]

IN DER THERAPIE

Als zu Beginn der sechziger Jahre in wissenschaftlichen Kreisen in den Vereinigten Staaten mit Psilos experimentiert wurde, entdeckte man schon bald, wie nützlich diese Substanz bei Therapien sein kann. Trotz der Hindernisse, die diverse Regierungen verschiedenen Ländern in den Weg legen, um therapeutische Anwendung zu verbieten, gibt es noch immer Therapeuten, die mit psychedelischen Mitteln arbeiten. Peter Krijger vom Atma-Institut in Amersfoort ist einer davon. Um seine Arbeitsmethode zu testen, ging ich zu ihm in Therapie.

Um elf Uhr vormittags habe ich einen Termin bei ihm. Peter ist ein ruhiger, großer, etwa vierzigjähriger Mann mit graumeliertem Haar. Es ist ein strahlender Tag, und Peter schlägt vor, die Psilos im Wald einzunehmen. Wir fahren zum Landgut Den Treek, in der Nähe von Amersfoort (Niederlande). Wir lassen unsere Autos beim Landgut stehen und gehen in den Wald. Peter trägt Gesundheitssandalen. In seinem Rucksack hat er eine Flasche norwegischen Quellwassers und eine Schachtel mit getrockneten Kahlköpfen. Ungefähr 20 Gramm, so schätzt er selbst.

»Wenn du um halb sechs wieder weg willst, ist es besser, wenn du die Psilos jetzt gleich isst«, sagt Peter. Er nimmt selbst keine Psilos, bleibt nüchtern. Ich nehme

[1] Wezelman, Rens. Psi-Experimente mit Psilocybin. Zeitschrift für Parapsychologie, Ausgabe 65, Nr. 2 (340), Dezember 1998

[2] siehe auch Kassette 1 der »Psychoactivity«-Konferenz von AV Recording Service

mir vor, die Anzahl Psilos zu zählen, die ich aufesse. Das Gespräch mit Peter ist jedoch so interessant, dass ich bereits nach zehn Kahlköpfen zu zählen vergesse. Während wir uns unterhalten und durch den Wald gehen, esse ich mehr Psilos. Auf einmal sagt Peter: »Ich würde jetzt aufhören, du hast bereits fünf Gramm gegessen.« Ui, denke ich, so viel hatte ich schon lange nicht mehr.

Peter führt mich zu einem Platz, den er geeignet findet, mit weichem Gras und blauem Himmel, von Tannenbäumen umgeben. Wir setzen uns auf eine große Decke und installieren uns: Zigaretten, eine Flasche Wasser und ein Kassettenrecorder, um die Sitzung aufzuzeichnen.

Peter meint: »Gib mir Bescheid, sobald was in dir hochkommt.«

Die Wirkung der Psilos setzt ein, und ich nehme mir vor, meine Augen offen zu halten. Mal schaun, wie alles aussieht, nachdem ich mir so eine hohe Dosierung hinter die Kiemen geschoben habe. Wider Erwarten bleibt die Wirkung ziemlich mild. Ich habe keinen Moment lang Ego-Verlust und weiß genau, wer ich bin.

Ich beginne, über mein Leben zu berichten, und komme ganz von selber auf das Verhältnis zu meinem Vater, das großen Einfluss auf mein Leben hatte. Als echter Therapeut weiß Peter Rat. Es fällt mir auf, dass ich während des Erzählens davon ausgehe, dass Peter meine Geschichte bereits kennt, auch wenn er nicht über alle Details informiert ist. Obwohl ich ihn höchstens seit zwei Stunden kenne, erzähle ich ihm, ohne mich zu genieren, allerlei Dinge, die ich normalerweise für mich behalte, wenn ich Fremde treffe. Sofort wird mir der therapeutische Nutzen der Psilos deutlich. Das Problem jedoch ist, dass ich kein großes Problem zu haben scheine, für das eine Therapie nützlich wäre. Während ich Peter über einen entscheidenden Moment im Verhältnis zu meinem Vater erzähle, fragt er, ob ich mich noch daran erinnern kann, wie ich mich in diesem speziellen Moment fühlte, vor achtundzwanzig Jahren. Es dauert einen Moment und, ja … ich befinde mich wieder dort. Ich sitze am Esstisch im großen Wohnzimmer meiner Eltern, die Lampe über dem Tisch ist an, weil es Abend ist, und da sitzt auch mein Vater. »Wo ist deine Mutter?«, fragt Peter. »Äh … die läuft rum und schenkt Tee ein«, antworte ich.

Ich habe bis jetzt nicht mehr über das Gespräch vor achtundzwanzig Jahren nachgedacht, obwohl es im Verhältnis zu meinem Vater entscheidend war. Plötzlich befinde ich mich achtundzwanzig Jahre zurück in der Zeit, und das Bild ist unglaublich deutlich. Ich kann mich selbst noch daran erinnern, dass ich Tee trank, nur nicht aus welcher Tasse. Ich bin überrascht, dass ich auf diese Art und Weise zu meiner eigenen Vergangenheit geführt werden kann. »Wie fühlst du dich?«, fragt Peter. »Ja, ich fühle mich beschissen, im Stich gelassen, aber ich denk auch: Gut, dann tu' ichs eben alleine.« »Versetz dich mal tiefer in das Gefühl rein«, sagt Peter.

Ich schließe meine Augen und fühle den Schmerz des Moments. Ach, wie verlassen ich mich damals doch fühlte. Innen drin tut es weh, ganz unten in meinem Magen. Ich versuche, bei dem Gefühl zu bleiben. Das fällt mir jedoch ziemlich schwer, es ist auch schon so lange her. Ich verstehe meinen Vater inzwischen auch. Die Psilos sorgen bei mir immer für erhöhte Milde für jeden und alles. Sie geben mir nun Verständnis für die Handlungsweise meines Vaters. Darum ist der Schmerz nicht so stark, eher wie eine Narbe, nicht wie eine klaffende Wunde, aus der Blut tropft. Ich bin davon überzeugt, dass ich mich anders gefühlt hätte, wenn dieser Moment immer noch eine wichtige Rolle in meinem Leben gespielt hätte. Das war jedoch nicht der Fall. Während ich meine Augen geschlossen halte und versuche, mich an die Schmerzen zu erinnern, sehe ich ein orange- und aquamarinfarben glasiertes Wägelchen mit hoher Geschwindigkeit von rechts nach links über mein Blickfeld fahren: eine farbenfrohe Halluzination, die mit der Therapie nichts zu tun hat.

Erneut öffne ich meine Augen und erblicke ein paar Meter von mir entfernt eine ungefähr vier Meter hohe Tanne. Rauch kommt aus dem Baum, und ich sage zu Peter: »Schau mal, der Baum!!!« Ich wollte sagen: »Schau, der Baum brennt«, während ich diesen Satz ausspreche, sehe ich, dass nicht Rauch aus dem Baum kommt sondern Staub. Fasziniert starre ich auf den Baum und versuche Peter zu erklären, was ich sah und dass ich einen Moment lang dachte, dass es brannte, und der Gedankengang dahinter: »Oh, Feuer im trockenen Wald, schnell schauen, ob wir es löschen können, ansonsten rasch wegrennen.«

Eine leichte Brise weht, und erneut sehe ich eine große Staubwolke, die sich vom Baum löst und vom Wind mitgenommen wird. »Pollen,« rufe ich, »es sind natürlich Pollen!« »Du kannst die Aufmerksamkeit aber gut ablenken«, sagt Peter. »Ich bitte dich, dich in ein Gefühl zu vertiefen, und du hast im Handumdrehen das Gesprächsthema gewechselt.« Später berichtet Peter Krijger:

> Ich kombiniere Psilos mit Regressionstherapie. Gewöhnlich warte ich, bis die Wirkung einsetzt. Dann kommt von selbst etwas, mit dem ich arbeiten kann. Ich bitte dich z.B., mir über deine Erfahrungen zu berichten. Ich kann dir helfen, Bilder, Erfahrungen, Gefühle und Emotionen zu ihrem Ursprung zurückzuführen. Dann kommst du automatisch in die Regression, von dort kannst du in deine Kindheit, zu deiner Geburt oder in frühere Leben zurückgehen.
>
> Ich nehme alles völlig ernst. Eventuell klingt es für dich wie eine bizarre Phantasie, z.B. frühere Leben und so, ich tue jedoch immer so, als ob es echt ist. Die Bilder haben immer echten Wert, ähneln aber auch Phantasien. Ich frage immer nach der Geschichte, die du erlebst. Ich versuche, eine Chronologie reinzubringen. Das ist meine Art des Arbeitens.
>
> Während der Therapiesitzungen nehme ich selbst keine Psilos, weil ich mich dann zu sehr mit meiner eigenen Welt beschäftige.
>
> Eine andere Methode ist das Rollenspiel. Jeder Mensch spielt verschiedene Rollen. Unter dem Einfluss der Psilos kann man sich ziemlich einfach in eine Rolle versetzen. Wenn man Psilos einnimmt, hat man eine erhöhte Form von Bewusstsein. Man kann einfach in eine Rolle kriechen, sich total hineinversetzen und dann auch wieder ganz einfach aussteigen. Dann ist es möglich, dein Alter Ego zu sehen und damit einen Dialog zu führen.
>
> Eine gute therapeutische Technik bezieht den Körper mit ein, manchmal treten körperliche Sensationen auf. In den Schultern, dem Rücken oder dem Bauch, und da

drücke ich dann drauf. Meistens sitzen da Emotionen fest, die dann loskommen. Falls sie nicht gut loskommen wollen, gehe ich zu einer Art Rebirthing über, lass dich anders atmen, ohne Pause zwischen dem Ein- und Ausatmen. Das ist sehr intensiv. Auf diese Weise kann man Dinge leichter gehenlassen.
Hat jemand keine oder wenig Erfahrung mit Psilos, kann ich erst beim Abklingen der Wirkung mit der Arbeit anfangen. Meistens ist ein Trip für Anfänger so überwältigend, dass sie nichts Vernünftiges rausbringen können.

ENTZIEHUNGSKUR MIT VIERHUNDERT KAHLKÖPFEN

Jeder Mensch ist einmalig, manchmal ist einer jedoch origineller als der andere. Jan Nilsson ist so ein Typ, ein achtundvierzigjähriger Hippie, der in Christiania, einem besetzten Marinekomplex in Kopenhagen, einen Laden hat, in dem er Elfenbein verkauft. Er schnitzt Figuren und Haschpfeifen aus Elfenbein. Wie bei vielen Hippies schlägt auch sein Herz für die Natur. Es ist ihm dann auch zuwider, Elefanten für das Elfenbein abschlachten zu lassen. So hat er eine einzigartige Lösung des Problems gefunden: Er gräbt Mammuts aus dem ewigen Eis in Sibirien aus. Die Stoßzähne mancher Mammutarten sind beträchtlich länger als die der allergrößten afrikanischen Elefantenbullen.
Ach ja, denkt der skeptische Leser, wer glaubt denn sowas. Ehrlich gesagt, dieser Gedanke kam mir auch. Nicht nur in Verbindung mit Elfenbein, sondern auch den enormen Mengen von Kahlköpfen, die Jan Nilsson zu konsumieren behauptet. All meine Bedenken verschwinden jedoch, sobald ich das Zimmer betrete, in dem das Interview mit Jan stattfindet. Der Raum ist wortwörtlich mit Stoßzähnen übersät, das größte Exemplar ist 3,25 m lang.

Vor ein paar Jahren hatte ich große Probleme mit dem Alkohol. Jedes Mal, wenn ich Alkohol trank, konnte ich nicht eher aufhören, bis ich sturzbetrunken war und es Tage danach noch blieb. Ich war dabei, mein Leben wegzuwerfen, es war schrecklich. Ich konnte einfach nicht mit Alkohol umgehen.
Mir ist aufgefallen, dass ich viel weniger trank, wenn ich LSD oder Psilos nahm. Schließlich hatte ich genug vom Saufen und beschloß, mit der Hilfe *Teonanácatls*, dem Geist der Zauberpilze, den Alkohol ein für allemal aus meinem Leben zu verbannen. Ich sammelte die Psilos für die spezielle Gelegenheit selbst und pflückte nur die, die zu mir sprachen. Ich sammelte sehr viele Psilos, weil ich daran gewöhnt war, hohe Dosierungen zu nehmen, und außerdem noch ein paar Freunde am Ritual teilnehmen wollten; sie sollten meine Zeugen sein. Am bewußten Abend erzählte ich meinen Freunden von der Psilositzung, und dass ich ihnen die Kraft der Psilos demonstrieren wollte. Ich ließ sie über mein Vorhaben im Ungewissen und behauptete, dass es sich um einen Scherz handle, der mich und meine Zukunft betreffe.

Danach nahmen wir die Psilos, ich aß vierhundert Stück. Das ist eine große Menge, aber ich hatte bereits des öfteren mehr genommen. Für mich waren vierhundert Kahlköpfe nicht so viel. Sobald ich die Kraft *Teonanácatls* in meinem Körper fühlte, packte ich eine Flasche meines Lieblingswhiskys und stellte diese auf den Tisch. Ich bat meine Freunde aufzupassen, weil ich ihnen was zu sagen hatte. Ich sprach zu ihnen wie zu Kindern.

»Die Natur hat uns Sinnesorgane gegeben, und ich glaube, dass wir diese oft missbrauchen. Oft hören wir nicht auf unsere Sinnesorgane. Ich werde euch jetzt zeigen, wie man die Sinnesorgane gebrauchen kann, um einen guten Beschluss zu fassen. Schaut, wir haben unsere Augen, das ist unser erstes Sinnesorgan. Meine Augen sagen mir, dass die Flasche schön aussieht. Es ist ein schönes Produkt, des Versuchens wert.« Ich drehte den Flaschendeckel auf und warf ihn über meine Schulter, weil ich das immer so machte. Sobald ich eine Flasche Whisky öffnete, brauchte ich den Deckel nicht mehr, weil ich die Flasche noch am gleichen Tag austrank.

Ich sprach weiter: »Das nächste Sinnesorgan ist die Nase. Stinkt etwas, dann will ich es nicht. Riecht es jedoch gut, könnte es was Leckeres sein! Auf zum nächsten Sinnesorgan, dem Mund. Ich nehme einen Schluck und … bah! Mein Mund sagt mir, dass das gar nicht gut schmeckt. Ist das Kamelpisse? Ich weiß, was das Zeug meiner Leber und meinem Sozialleben antut, und kann mir vorstellen, welchen Einfluss es auf die Dauer meines Bestehens auf dieser Erde ausübt. Wie lange habe ich noch zu leben, wenn ich nicht mit dem Trinken aufhöre? Hiermit verspreche ich feierlich dem *Teonanácatl*, dass ich nie mehr in meinem Leben auch nur einen Tropfen Alkohol anrühren werde. Dies verspreche ich *Teonanácatl*, der wunderbaren Kraft der Zauberpilze, die mich dazu inspirierte, mit dem Trinken aufzuhören. Aus Dankbarkeit werde ich, so lange ich lebe, nie mehr einen Tropfen anrühren.«

Als meine Freunde das hörten, kippten sie schallend lachend nach hinten um. Hahahaha, er hört mal wieder mit dem Saufen auf, hahaha. Ich hatte ein wenig Mitleid mit ihnen, weil ich wusste, dass ich nie mehr trinken würde. Ich wusste, dass das der beste Entschluß meines Lebens war. Als die Wirkung der Zauberpilze nachließ, fühlte ich mich ausgezeichnet. Ich wußte, dass ich nie mehr trinken würde. Seitdem habe ich tatsächlich keinen Tropfen Alkohol mehr getrunken. Das war am 16. November 1980. Ich hoffe, dass ich noch ein langes Leben vor mir habe, und weiß, dass ich nie mehr trinken werde. Das bin ich dem Geist der Zauberpilze schuldig.

Bei dieser speziellen Sitzung sind alle drei Kriterien Mensch, Substanz und Umgebung ideal. Jan Nilsson hat sich aufs beste vorbereitet. Noch vor Beginn wusste er sicher, dass er mit dem Trinken aufhören wollte. Ein Teil der Vorbereitung bestand daraus, die Psilos selbst zu sammeln. Die unglaublich hohe Menge Psilos sicherte ihm eine starke Wirkung, die die Aufrichtigkeit seines Wunsches unterstützte. Die Umgebung hat er so organisiert, dass diese ebenfalls im Zeichen seines Vorsatzes stand: die Flasche Whisky als Symbol und seine Freunde als Zeugen.

Jan Nilsson nimmt eine Dosis, an die sich die meisten Psiloesser nicht rantrauen. Er hat eine andere Meinung bezüglich Dosierungen als die meisten seiner Mitmenschen. Seiner Meinung nach sind niedrige Dosierungen gefährlicher als hohe:

> Ich habe bereits häufig mit hohen Dosierungen experimentiert. Wir hatten keine Waagen, sondern zählten die Kahlköpfe. Ich habe regelmäßig vierhundert genommen. Vor fünfzehn Jahren hab ich sogar mal elfhundert genommen. Das war eine sehr tiefgehende Erfahrung, da erinnere ich mich noch täglich dran. Leute, die größere Mengen nehmen, wissen meistens, was sie tun, sie sorgen für eine sichere Umgebung und dafür, dass sie auf den Trip gut vorbereitet sind. Leute, die nur eine kleine Dosis nehmen, glauben, »es wird schon gehen«, und erleben dann manchmal unangenehme Überraschungen.
> Ich bin gegen niedrige Dosierungen. Niedrige Dosierungen in der verkehrten Umgebung, aus verkehrten Gründen eingenommen, können zu Unglücksfällen führen. Ein verkehrter Grund ist z.B. »Siehst du, ich trau mich, sie zu nehmen.« Ich spreche hier nicht über Erwachsene. Es gibt nicht so viele Erwachsene, die sagen: »Oh, die Zauberpilze muss ich mal probieren.« Es gibt nicht so viele Erwachsene, die sagen: »Jetzt muss ich die Narrenschwämme doch mal ausprobieren, sonst nennen mich meine Freunde einen Feigling.« Erwachsene finden es weniger wichtig, was die Gruppe sagt. Zwölf-, Dreizehn-, Vierzehn- und Fünfzehnjährigen dagegen macht das schon was aus. Wir leben in einer Welt mit Drogen, und die werden hier auch bleiben, was wir auch dagegen unternehmen. Wir werden stets neue dazukriegen, und ein paar davon werden sogar sehr gefährlich sein. Wir müssen Einsichten gewinnen, um ein Leben mit Drogen zu ermöglichen, ohne dass wir uns dadurch beschädigen. Ohne Einsichten haben wir keine Chance. Wir müssen den zukünftigen Generationen beibringen, mit Drogen umzugehen. Damit muss man bereits in der Schule anfangen. Leider ist die Information in den Schulen einseitig auf vorverurteilende Eltern zugeschnitten, die nicht aus eigener Erfahrung sprechen. Diese Eltern haben Angst vor Drogen, und Angst ist ein schlechter Ratgeber.

»PSILOS HABEN MEIN LEBEN VERÄNDERT«

Der zweiundvierzigjährige Amerikaner Leon ist, genau wie Jan Nilsson, ein Außenseiter. Jans Obsession ist Elfenbein. Leon ist von den Pygmäen Zentralafrikas fasziniert. Zwei Jahre lang konsumierte Leon jeden zweiten Tag Kahlköpfe. Diese lange Anwendung beeinflußte sein Leben drastisch:

> 1979 zog ich nach Holland, ich war mit einer holländischen Frau verheiratet. Ein Jahr danach reiste ich nach Schottland und bekam dort von meinem Schwager zum ersten Mal Psilos. Die Wirkung gefiel mir ausgesprochen gut. Im Herbst ging ich zum

ersten Mal mit einem Freund Pilze sammeln. Das war in der Gegend von Maarssen bei Utrecht. Wir fanden eine ganze Menge. Im Spätherbst reiste ich dann wieder nach Schottland. Jeden Tag fand ich Psilos, und jeden Tag aß ich sie. Ich fand schnell raus, dass es nicht sinnvoll war, sie jeden Tag zu essen. Am zweiten Tag merkte ich meistens nichts. Darum entschloß ich mich, jeden zweiten Tag Psilos zu essen. Meistens aß ich sie zum Frühstück, und häufig nahm ich, wenn die Wirkung nachließ, nachmittags auch noch eine Portion.

Im darauffolgenden Sommer wuchsen überall Psilos. So viele konnte ich gar nicht essen, und ich fing an, sie in dem Wohnwagen, in dem ich lebte, zu trocknen. Mit einer Nadel stach ich durch die Hütchen und fädelte sie so aneinander. Mein Wohnwagen sah damals echt super aus, sehr dekorativ. Ich war besonders empfänglich für die Psilos. Sobald die Saison anfing, träumte ich davon, sie zu finden. Ging ich dann tags darauf sammeln, fand ich sie auch tatsächlich.

1981 und 1983 schien Schottland eine wahre Goldgrube für Psilos. Selbst mit meinem »jeden zweiten Tag«-Schema konnte ich so viele gar nicht aufessen. Die getrockneten Psilos nahm ich mit nach Amsterdam und setzte sie in Coffeeshops für gutes Haschisch um. Ich war von den Psilos nicht abhängig, auch körperlich nicht. Ich nahm sie überall mit und aß sie auch weiterhin jeden zweiten Tag, auch während ich auf Reise war. Ich hatte nie Halluzinationen von den Psilos. Alles, was ich sah und hörte, war echt. Meine Sinnesorgane waren schärfer als je zuvor. Unter dem Einfluß der Rauschpilze fühlte ich mich immer erleuchtet, und das war ein sehr reizendes Gefühl. Die Zauberpilze haben mein Leben entscheidend verändert.

In den zwei oder drei Jahren, in denen ich konstant Psilos einnahm, entwickelte ich ein großes Interesse für exotische Musik, vor allem für die Musik von Stämmen, die noch ein natürliches Leben führen. Ab einem bestimmten Moment wusste ich genau, was ich wollte. Ich musste nach Zentralafrika, um die Musik der Pygmäen zu erforschen. Ich war total darauf fixiert, und das kam durch die Zauberpilze. Seitdem ich mich für die afrikanische Kultur interessiere, will ich von der westlichen nichts mehr wissen.

Die Rauschpilze haben mich nach Afrika geführt, 1985 bin ich in die Zentralafrikanische Republik umgezogen und wohne nun überwiegend im Dschungel bei einem Pygmäenstamm. Ich habe inzwischen eine Anzahl Musikkassetten und CDs produziert und ein Buch über mein Leben mit den Pygmäen geschrieben. Ich bin davon überzeugt, dass die Zauberpilze mich auf diese Spur gebracht haben. Die Zauberpilze haben die Richtung meines Lebens verändert.

Es hat eine Weile gedauert – 50 Jahre! – aber jetzt ist es wieder möglich, Psilocybin zu untersuchen. Und wie erwartet sind die Resultate sehr positiv. Das hat jedoch mit der Bereitschaft der Behörden nur sehr wenig zu tun. Alle wissenschaftlichen Untersuchungen im Bereich der therapeutischen Nutzung von Psychedelika werden aus privaten Quellen finanziert. Erfolgreiche Nerds, wie zum Beispiel Robert Jesse, ehemaliger Vizepräsident des US-amerikanischen Computerunternehmens Oracle, geben viel Geld an Organisationen, die Untersuchungen mit Psychedelika realisieren.
Der Psychiater Charles Grob war der erste, der die Genehmigung bekam, zwölf Krebspatienten im Endstadium mit Psilocybin zu behandeln. Alle hatten Angst zu sterben und deswegen ein Stress-Syndrom entwickelt. Das Resultat der Studie war zwar positiv, aber Charles Grob erzählte mir, dass die Zahl der untersuchten Patienten zu gering gewesen sei. »Es war das erste Mal seit 40 Jahren, dass so etwas wieder erlaubt war. Das war das Wichtigste.«
Seitdem gab es mehrere Untersuchungen mit Psilocybin, unter anderem mit terminalen Krebspatienten. Die Resultate sind erstaunlich positiv. Wie Untersuchungsleiter und Psychiater Stephen Ross von der New York University erklärte: »Rund 40 Prozent der Amerikaner werden an Krebs sterben. Die Hälfte davon wird eine psychiatrische Missbildung/Abweichung mit schweren Folgen entwickeln. Eine einmalige Behandlung mit Psilocybin hat einen sofortigen Effekt, der Wochen bis Monate andauert – so etwas ist sehr ungewöhnlich in der Psychiatrie.«
(www.nyucanceranxiety.org/ und www.newyorker.com/tech/elements/video-magic-mushrooms-healing-trip)

An der renommierten Johns-Hopkins-Universität hat der Psychopharmakologe Roland Griffiths das Karfreitagsexperiment von 1962 wiederholt (siehe Seite 23), mit einer besseren Methodik und gemäß der wissenschaftlichen Werte von heute. Psilocybin kann tiefgreifende und lebensverändernde Erfahrungen ermöglichen, die eine immense persönliche und spirituelle Bedeutung haben können. Zwei Drittel der Teilnehmer der Studie – alle ohne Erfahrung mit Psilos oder anderen Psychedelika – erklärten die Erfahrung zu einer der überwältigendsten ihres Lebens. Für ein Drittel war es die überwältigendste Erfahrung von allen.
Griffiths und sein Team haben bei ihrer Untersuchung nicht nur mit den Versuchskaninchen gesprochen, sondern auch mit deren sozialem Umfeld. Jemand kann ja erleben, plötzlich so glücklich zu sein, was aber sagen deren Partner dazu, die Freunde, die Kinder? Und wie verhält es sich ein Jahr später? Die positiven Folgen waren bleibend und nachhaltig.
(R.R. Griffiths, W.A. Richards, U. McCann, R. Jesse. 2006. Psilocybin can occasion mystical-type experiences having substantial and sustained personal meaning

and spiritual significance. Psychopharmacology (Berl). 187(3), 268-83, commentaries 284-292.)

Die wissenschaftlichen Untersuchungen sind zum Glück nicht auf die Vereinigten Staaten begrenzt. Das Team von Franz X. Vollenweider von der Universität von Zürich in der Schweiz untersucht, auf welche Weise Psilocybin das Gehirn beeinflusst. Es sieht so aus, als ob die Vernunft endlich wieder in die Wissenschaft zurückkehrt.

6 BESCHREIBUNG VERSCHIEDENER RAUSCHPILZE

PSILOCYBE SEMILANCEATA (SPITZKEGELIGER KAHLKOPF)

1803 wird der Spitzkegelige Kahlkopf in der wissenschaftlichen Literatur zum ersten Mal beschrieben. Er wurde damals noch anders genannt. Seit 1870 geht er in der wissenschaftlichen Literatur mit der Bezeichnung »*Psilocybe semilanceata*« durchs Leben, und unter diesem Namen sind die Pilze auch heute noch bekannt. 1963 entdecken Roger Heim und Albert Hofmann den wirksamen Stoff Psilocybin im Spitzkegeligen Kahlkopf. Bis dahin wurde Psilocybin nur in den Rauschpilzen der Psilocybe-Gattung in Mexiko festgestellt. Erst Mitte der siebziger Jahre drang diese Neuigkeit bis in die Niederlande durch, und die Pilze werden seitdem jeden Herbst von Liebhabern gesammelt. Seit dem Anfang der achtziger Jahre werden Kahlköpfe von England und Wales auf das europäische Festland importiert. Zehn Jahre danach gibt es auch polnische Kahlköpfe. Ein Problem mit polnischen Kahlköpfen ist der vermutete Niederschlag radioaktiven Materials nach dem Kernreaktorunglück in Tschernobyl im Jahre 1986. Pilze nehmen im allgemeinen sehr leicht radioaktives Cäsium auf, welches leider sehr lang in der Natur erhalten bleibt.

Äußeres:
Die Spitzkegeligen Kahlköpfe sind kleine, braune Pilze mit einem länglichen, kegelförmigen Hut, der einen Durchmesser von 0,5 bis 1,5 cm hat. Die Unterseite des Hutes ist oft ein wenig nach innen gebogen und gefaltet. Die Hutfarbe variiert je nach Feuchtigkeit, meistens ist sie braungelb mit olivfarbenen Schattierungen, wird jedoch in einer trockenen Periode hellbraun bis gelblich oder ockerfarbig. Die Lamellen an der Unterseite des Hutes sind zuerst bleich-braungrau und gehen später in dunkles, lilafarbenes Braun über. Die Sporen sind dunkel lila-braun. Der Hut steht auf einem dünnen, ca. 0,75 bis 3 mm breiten Stiel, dessen Länge stark von der Höhe des umliegenden Grases abhängt. Der Stiel kann bis zu 10 cm lang werden, ist meistens nicht kürzer als 4 cm; er ist fahlweiß bis bleichbraun und wird zum Boden hin dunkler. Im Gegensatz zu anderen psilocybinhaltigen Pilzen tritt beim

Die Spitzkegeligen Kahlköpfe (*Psilocybe semilanceata*)

Spitzkegeligen Kahlkopf fast keine Blaufärbung bei Beschädigung des Hutes oder des Stiels auf, weil das dafür verantwortliche Psilocin bei dieser Art fehlt. Nur an der Stelle, wo der Stiel am Myzelium befestigt ist, wird eine Blaufärbung sichtbar.

Verbreitungsgebiet:
Die Spitzkegeligen Kahlköpfe kommen nur am Südpol nicht vor. Auf allen anderen Kontinenten sind diese Pilze zu finden: Europa, Asien, Nord- & Südamerika und Australien. Angesichts des enormen Verbreitungsgebietes ist anzunehmen, dass dies einer der meistgebrauchten psychedelischen Pilze der Welt ist.
In Europa sind die Spitzkegeligen Kahlköpfe in folgenden Ländern zu finden:

Albanien, Belgien, Bulgarien, Dänemark, Deutschland, England, Finnland, Frankreich, Griechenland, Irland, Italien, Niederlande, Norwegen, Österreich, Polen, Portugal, Rumänien, Rußland, Schottland, Slowenien, Slowakei, Spanien, Schweden, Schweiz, Tschechei, Ungarn und Wales.[26]
Spitzkegelige Kahlköpfe findet man in Europa an Wegrändern, auf Rasen, Weiden und Grasländern auf kahlem bis mistgedüngtem Boden, am häufigsten auf saurem Sandboden. Oft gedeihen die Pilze bei Kuh- oder Schafmist, niemals jedoch mit Kunstdünger. Sie kommen überall in den Niederlanden vor. Wichtigstes Verbreitungsgebiet: das gesamte Küstengebiet Zeelands bis zur Mitte Nordhollands, auf den Watteninseln, im Süden der Provinz Groningen, in den Provinzen Drenthe, Oberijssel, Gelderland, Brabant und im Norden von Limburg.[27]
Die Periode des Jahres, in der die Spitzkegeligen Kahlköpfe gefunden werden, ist ungefähr von August bis hin zum ersten kräftigen Nachtfrost.

Stärke:
Spitzkegelige Kahlköpfe sind eine der stärksten psilocybinhaltigen Pilzsorten dieser Welt. Der durchschnittliche Wirkstoffgehalt getrockneter Kahlköpfe beträgt 1%.[28] Dieser Prozentsatz kann variieren, die Variation ist jedoch weniger groß als bei anderen bekannten psilocybinhaltigen Pilzen wie z.B. den mexikanischen *Psilocybe cubensis*, den meistkultivierten Rauschpilzen Europas. In den Kahlköpfen ist fast kein Psilocin enthalten. Weil Psilocybin im Gegensatz zu Psilocin stabil ist, kann der Spitzkegelige Kahlkopf lange aufbewahrt werden, ohne viel von seiner Kraft zu verlieren. Beim Aufbewahren ist es wichtig, dass die Temperatur 50 Grad Celsius nicht übersteigt, dann wird Psilocybin nämlich zersetzt; besser ist es, ihn trocken und dunkel in einem geschlossenen Gefäß bei +4 bis –20 °C aufzubewahren.

Dosierung:
Eine durchschnittliche Dosierung beträgt 1,6 gr. getrocknete oder 16 gr. frische Kahlköpfe. Für eine leichte Wirkung genügen 0,5 bis 0,8 gr. getrocknete Pilze.

Geschichte:
Der deutsche Mykologe Dr. Jochen Gartz hat in der Pilzliteratur einen schönen Bericht gefunden. Aller Wahrscheinlichkeit nach handelt es sich dabei um die erste wissenschaftliche Beschreibung der Wirkung der *Psilocybe semilanceata* beim Essen. Everard Brande, ein englischer Adeliger, beschrieb 1799 eine Pilzvergiftung. Früh am Morgen des 3. Oktober 1799 sammelte ein Hausvater kleine Pilze, die er seiner Frau und den Kindern zum Frühstück servierte. Ungefähr eine Stunde nach dem Frühstück bekam der achtjährige Edward unkontrollierbare Lachanfälle, denen er trotz der Drohungen von Mutter und Vater nicht Herr werden konnte. Diesen Lachanfällen folgten Schwindelanfälle und Benommenheit, aus der er nur zu sich kam, wenn er gerufen oder gerüttelt wurde, wonach er sofort wieder wegsackte. Die Pupillen waren ab und zu fast so groß wie seine Iris und verengten sich auch

bei Lichteinfall kaum; sein Atem ging schnell, die Geschwindigkeit seines Pulsschlages wechselte, und er betastete mit seinen Händen verschiedene Stellen an seinem Bauch, als ob er Schmerzen hätte. Als man ihn jedoch wachrüttelte, um ihn danach zu fragen, antwortete er uninteressiert ja oder nein, wie bei jeder anderen Frage, die ihm gestellt wurde.[29]

Angesichts der Beschreibung der Pilze und der Wirkungsweise handelt es sich hierbei fast sicher um Spitzkegelige Kahlköpfe, die diese Effekte hervorgerufen haben.

PSILOCYBE CUBENSIS (GÖTTLICHER DUNGPILZ)

Psilocybe cubensis ist auch als *Stropharia cubensis*, *Stropharia cyanescens* und *Stropharia caerulescens* bekannt geworden. Die Mazateken in Mexiko nennen diesen Pilz »San Isidoro«. Seit der Eröffnung der Smart Shops werden diese Pilze hierzulande »Mexikaner« genannt, obwohl die Stämme meist aus anderen Weltregionen stammen.

Äußeres:
Der *Psilocybe cubensis* ist ein robuster Pilz mit einem goldgelben bis braunen Hut, der, manchmal mit weißen Pünktchen bedeckt, 1,5 bis 8 cm breit ist. Bei kleineren Exemplaren ist der Hut oft kugel- bis uhrförmig mit einem Buckel, bei größeren Exemplaren beulenförmig bis flach. Die Sporen sind dunkel lila-braun bis dunkel violett-braun.

Der fahlweiße bis gelbliche Stiel ist 4 bis 15 cm lang und hat einen Durchmesser von 0,5 bis 1,5 cm. Bei Beschädigung verfärbt sich der Stiel blau, was auf Psilocin hinweist. An der Stelle, wo der Hutrand am Stiel befestigt war, bleibt ein vliesartiger Ring übrig, der Manschette genannt wird.

Verbreitungsgebiet:
Als eine der Arten des Teonanácatl kommt der *Psilocybe cubensis* natürlich in Mexiko vor. Weiter sind diese Pilze in Kuba, dem Südosten der Vereinigten Staaten, Mittelamerika, im Norden Südamerikas, in Indien, Nepal, Vietnam, Thailand, Kambodscha und Australien verbreitet. In ihrer natürlichen Lebensumgebung gedeihen die *Psilocybe cubensis* auf dem Mist von Rindern, Pferden und Elefanten. Sie sind die am einfachsten zu kultivierenden Pilze der Welt. Verschiedene Unternehmen in den Vereinigten Staaten, Europa und Australien übersenden die Sporen jedem, der sie bestellt.

Es ist unmöglich, einen Blick in den Kundenbestand dieser Firmen zu werfen, aber es ist theoretisch möglich, dass die *Psilocybe cubensis* so in jedem Land der Welt wachsen. In Holland beschäftigen sich viele Laien und eine Anzahl Profis mit dem Kultivieren dieser Pilzart.

Stärke:
Was die Stärke betrifft, sind *Psilocybe cubensis* weniger zuverlässig als die einheimischen Kahlköpfe. Manche Pilze sind stark, andere wiederum nicht. Durchschnittlich sind sie weniger stark als Spitzkegelige Kahlköpfe. Die Stärke der Pilze hängt auch davon ab, welche Sorte kultiviert wurde. Die Namen der Sorten rühren von den Fundplätzen her, wie z. B. Amazonas, Palenque, Matias Romero und Ecuador. Im Gegensatz zu den Kahlköpfen enthalten *Psilocybe cubensis* einen beträchtlich höheren Prozentsatz an Psilocin. Psilocin ist nicht stabil, und das bedeutet, dass die Substanz rasch zersetzt wird. Werden *Psilocybe cubensis* zu lange aufbewahrt, verlieren sie einen ansehnlichen Teil ihrer Wirkungskraft.

Dosierung:
Die durchschnittliche Dosierung beträgt 3 gr. getrocknete oder 30 gr. frische Pilze. Für einen leichten Effekt genügen 1,0 bis 1,5 gr. getrocknete Pilze.

Geschichte:
Merkwürdigerweise soll dieser Pilz während einer der ersten spanischen Eroberungsexpeditionen nach Mexiko gekommen sein. *Psilocybe cubensis* kommen jedoch in Spanien nicht vor. Man nimmt an, dass die Sporen dieser Pilze beim Einladen von Vorräten aus Afrika an Bord eines spanischen Schiffes übertragen wurden. Diese spanische Verbindung könnte die katholische Bezeichnung »San Isidoro« erklären.[30] Es gibt keinen ursprünglichen indianischen Namen für diese Pilze. *Psilocybe cubensis* wurden im Jahre 1904 zum ersten Mal wissenschaftlich beschrieben und verdanken ihren Namen dem ersten Fundplatz, Kuba.
Der französische Mykologe Roger Heim sammelt 1956 während einer von Gordon Wasson organisierten Expedition nach Oaxaca Sporen der *Psilocybe cubensis*. Wieder in Paris, gelingt es ihm, den Pilz künstlich zu kultivieren. 1957 erwähnt Heim mit seinem Kollegen Cailleux diese Tatsache in der französischen wissenschaftlichen Literatur. Rund fünfzehn Jahre danach erscheint in den Vereinigten Staaten eine Anzahl beliebter Underground-Bücher, in denen die künstliche Kultivierung der *Psilocybe cubensis* anhand der Methode Heims beschrieben wird. Seitdem sind mehrere Zuchthandbücher erschienen, die auch neue Methoden beschreiben.

PANAEOLUS CYANESCENS (BLAUVERFÄRBENDER DÜNGERLING)

Panaeolus cyanescens ist vor allem bekannt als *Copelandia cyanescens*. In der frühen wissenschaftlichen Literatur wurden diese Pilze auch unter der Bezeichnung *Copelandia papilionacea* bekannt. In den holländischen Smart Shops werden sie auch »Hawaiianer« oder »Balinesen« genannt.

Äußeres:
Ein schmaler Hut mit besonders langem und dünnem Stiel sind die charakteristischen Merkmale dieser Mitglieder der Panaeolus-Familie. Der Hut ist 1,5 bis 3,5 cm breit, meistens bleichgrau bis fahlweiß. Bei Berührung wird rasche Blaufärbung sichtbar. Der Stiel ist 8,5 bis 11,5 cm lang und nur 1,5 bis 3 mm im Durchmesser und verfärbt sich bei Berührung oder Beschädigung ebenfalls schnell blau.

Verbreitungsgebiet:
Panaeolus cyanescens gedeihen auf Mist in Grasländern und Feldern in den Tropen und Subtropen. Diese Pilze wurden in Hawaii, Louisiana und Florida, in Mexiko, Brasilien, Bolivien, den Philippinen, im Osten Australiens, in Thailand und auf den indonesischen Inseln Bali, Java und Sumatra gefunden. Seit 1996 werden *Panaeolus cyanescens* im Innern kultiviert.

Stärke:
Die kultivierte europäische Variante wird als eine der stärksten Psilosorten betrachtet. Genau wie beim künstlich kultivierten *Psilocybe cubensis* ist deren Stärke nicht zuverlässig. Der Prozentgehalt an Psilocybin ist nur manchmal höher als der an Psilocin. Das bedeutet, dass die Wirkungskraft des *Panaeolus cyanescens*, vorausgesetzt sie werden gut getrocknet und aufbewahrt, nur bei manchen Pilzen lange anhält.

Dosierung:
Anfänglich verkaufte der Smart Shop »Conscious Dreams« 1 Gramm getrocknete *Panaeolus cyanescens* als durchschnittliche Portion, verringerte dies jedoch auf 0,8 Gramm, weil selbst erfahrene Tripper 1 Gramm zu stark fanden. Als der erste holländische Kultivierer diese Pilze ausprobierte, wußte er 24 Stunden lang nicht mehr, wer er war. Inzwischen sind auch Geschichten von Pilzliebhabern bekannt, die von einem Gramm nicht beeindruckt waren. Um unangenehmen Überraschungen vorzubeugen, fängt man am besten vorsichtig an und baut die Dosierung dann langsam auf. Die durchschnittliche Dosierung beträgt 0,3 bis 0,5 gr. getrocknete oder 3 bis 5 gr. frische Pilze für einen milden Trip und 0,5 bis 1 gr. getrocknete oder 5 bis 10 gr. frische für einen starken Trip.

Geschichte:
In den siebziger Jahren entdeckten Jugendliche auf der paradiesischen Insel Samoa im Stillen Ozean die psychedelischen Eigenschaften der *Panaeolus cyanescens*. In erster Instanz reagierte die Polizei mit Verfolgung der jugendlichen Pilzesser, bis den Autoritäten in Samoa klar wurde, dass keine ernste Gefahr für die Volksgesundheit bestand. Laut P. A. Cox, dem Forscher, der das Phänomen beschrieb, sahen die Eltern im Verhalten ihrer Kinder nichts anderes als eine »idiotische, jedoch völlig ungefährliche Episode einer normalen Teenager-Entwicklung«.[31]

Es ist nicht bekannt, wie *Panaeolus cyanescens* nach Bali und Hawaii gekommen waren, der weltweite Tourismus wird dabei wohl eine Rolle gespielt haben. Ab der zweiten Hälfte der siebziger Jahre verkauften Touristenrestaurants auf Bali in Indonesien Omeletts, die mit *Panaeolus cyanescens* zubereitet waren. Diese Pilze wurden anfänglich im Freien gesammelt. Nachdem die Nachfrage immer größer wurde, startete man auf Bali mit kommerzieller Kultivierung. Als Folge des balinesischen Erfolgs schossen auch auf Java, Sumatra und den Philippinen die *Panaeolus-cyanescens*-Restaurants wie Pilze aus dem Boden.

PSILOCYBE CYANESCENS (BLAUVERFÄRBENDER KAHLKOPF)

Die deutsche Bezeichnung für diesen Pilz ist Blauverfärbender Kahlkopf. Pilzkundigen ist es bis jetzt nicht gelungen, diese Art eindeutig abzugrenzen. Darum wird *Psilocybe cyanescens* in der wissenschaftlichen Literatur auch *Hypholoma cyanescens, Hypholoma coprinifacies, Geophila cyanescens, Psilocybe serbica, Psilocybe mairei, Psilocybe liniformans* und *Psilocybe bohemica* genannt. Der Grund für diese babylonische Sprachverwirrung ist das große Verbreitungsgebiet dieses Pilzes und dessen Anpassungsmöglichkeiten in den verschiedenen Vorkommensgebieten. So gibt es beträchtliche Unterschiede in Form und Farbe des Hutes dieser Pilzsorte.

Äußeres:
Sehr unterschiedlich. Der Hut ist 0,5 bis 6 cm breit, in feuchtem Zustand braun lederfarbig, in trockenem Zustand fahlweiß bis ocker. Er ist während des Wachstums erst kegelförmig, später dann aufgefaltet mit einem Buckel. Bei ausgewachsenen Exemplaren ist der Hut flach und stark gewellt. Der Stiel ist 2,5 bis 14 cm lang und hat einen Durchmesser von 5 bis 8 mm. Häufig ist er bereits blau bzw. verfärbt sich bei Berührung blau.

Verbreitungsgebiet:
In Nordamerika sind *Psilocybe cyanescens* vor allem in der Küstenregion des Stillen Ozeans, von Kalifornien bis an den Süden von Alaska, zu finden. Dies ist möglicherweise das ursprüngliche Existenzgebiet dieser Pilze, amerikanische Mykologen glauben an eine europäische Herkunft.
In Europa sind *Psilocybe cyanescens* in Italien, Schweden, Deutschland, Spanien, Österreich, der Schweiz und den Niederlanden verbreitet. In den Niederlanden kommen sie in freier Natur sehr selten vor. Es ist nicht bekannt, ob diese Pilze immer einheimisch gewesen sind oder sich hier zufällig eingenistet haben. *Psilocybe cyanescens* sind häufig in größeren Gruppen auf Holzresten und anderen

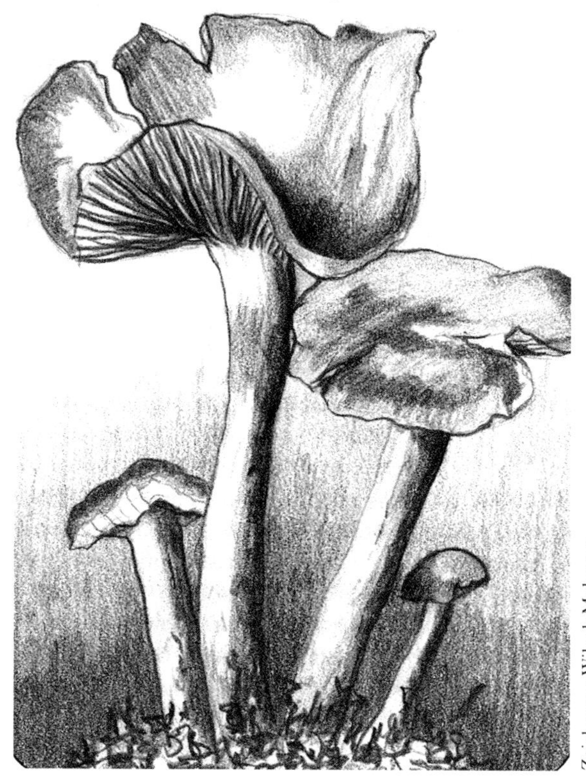

Zeichnung: Wilnah Molenaar

Blauverfärbende Kahlköpfe (*Psilocybe cyanescens*)

pflanzlichen Überbleibseln zu finden, am ehesten an stickstoffreichen Stellen in Park- oder Gartenanlagen und an Wegrändern.[32] Bei Park- und Gartenanlagen ist beim Sammeln Vorsicht geboten, zur Unkrautvernichtung wird von vielen Gemeinden nämlich Gift gespritzt.

Stärke:
Es gibt beträchtliche Unterschiede in der Stärke bei europäischen und nordamerikanischen Varianten der *Psilocybe cyanescens.* Psilocin kommt bei den amerikanischen Exemplaren im Übermaß vor, während diese Substanz bei europäischen Pilzen fast ganz fehlt. Dies bedeutet, dass europäische *Psilocybe cyanescens* in getrocknetem Zustand gut aufbewahrt werden können.

Dosierung:
Eine durchschnittliche Dosierung, wie in den Smart Shops angeboten, liegt zwischen 0,7 und 1 gr. getrockneter *Psilocybe cyanescens.*

Geschichte:
Die nordafrikanische Variante der *Psilocybe cyanescens* wird von manchen Mykologen *Psilocybe mairei* genannt. Es sind die einzigen psychedelischen Pilze in diesem Gebiet. Diese Variante wird als die Pilzart betrachtet, die vor ca. zehntausend Jahren zur Zeit der sogenannten »Rundköpfigen Zivilisation« in der Sahara während eines Gottesdienstes benutzt wurde, den es jetzt nicht mehr gibt.
Psilocybe cyanescens wurden 1946 zum ersten Mal wissenschaftlich beschrieben. Der englische Mykologe Wakefield fand in den botanischen Gärten Kews bläuliche Pilze mit dunklen Sporen. Die Pilze wuchsen jeden Herbst im waldigen Teil der botanischen Gärten auf Holzresten. Es ist anzunehmen, dass die Sporen dieses Pilzes mit Pflanzenmaterial importiert wurden. Die ersten Exemplare zeigten starke Ähnlichkeiten mit den *Psilocybe cyanescens* aus Britisch-Kolumbien, Washington, Oregon und Nordkalifornien im Westen Nordamerikas.
1958 wurden *Psilocybe cyanescens* im deutschen Schwarzwald gefunden, 1972 in der Schweiz und auf Korsika, 1975 in Holland und 1976 in Österreich.

PSILOCYBE AZURESCENS (AZURBLAUVERFÄRBENDER KAHLKOPF)

Eine der vielversprechendsten Pilzarten ist *Psilocybe azurescens*, ungeachtet des juristischen Status der psilocybinhaltigen Pilze. Zielbewusst werden sie seit ein paar Jahren in ganz Europa verbreitet. Es sind Pilze mit einem außerordentlich hohen Gehalt an wirksamen Substanzen, die auf Holzresten einfach zu kultivieren sind und vom Herbstanfang bis spät in den Januar geerntet werden können. Ein großer Vorteil im Vergleich mit anderen psilocybinhaltigen Pilzen ist die Größe der *Psilocybe azurescens*. Diese Pilze sind außerordentlich gut für »Guerilla Farming« geeignet, das Kultivieren im Freien.

Äußeres:
Die lateinische Bezeichnung »azurescens« verrät bereits ein typisches Kennzeichen dieser Pilze, nämlich die ungewöhnlich starke Blaufärbung. Viele psilocybinhaltige Pilze verfärben sich bei Berührung oder Beschädigung blau oder grün, bei keiner Art ist dies jedoch so ausgeprägt wie bei den *Psilocybe azurescens*. Manche Exemplare werden so dunkelblau, dass es beinahe schwarz aussieht. Bei jungen Exemplaren ist der Hut 3 bis 10 cm breit, bei ausgewachsenen Exemplaren weist der Hut einen deutlichen Buckel auf.

Verbreitungsgebiet:
Ursprünglich wurden *Psilocybe azurescens* im nordamerikanischen Staat Oregon gefunden und sind seitdem in Kalifornien, Neu-Mexiko, Wisconsin, Vermont, Ohio,

Deutschland, in der Schweiz, in Österreich, in den Niederlanden und sicherlich ein paar weiteren Ländern verbreitet.

Stärke:
Psilocybe azurescens ist extrem stark, manchmal sogar doppelt so stark wie die Spitzkegeligen Kahlköpfe. Bis heute sind keine psilocybinhaltigen Pilze bekannt, die einen so hohen Prozentsatz an wirksamen Stoffen enthalten wie *Psilocybe azurescens.*[33] Außer dem sehr hohen Anteil an Psilocybin und einem ansehnlich hohen Prozentsatz Psilocin enthalten diese Pilze auch sehr viel Baeocystin. *Psilocybe azurescens* verlieren selbst nach langer Zeit nur wenig von ihrer Wirkungskraft.

Dosierung:
Ein Gramm getrockneter *Psilocybe azurescens* kann bereits als sehr starker Trip betrachtet werden.

Geschichte:
1979 entdeckten Pfadfinder in den Vereinigten Staaten in der Nähe der Stadt Astoria in Oregon ungewöhnlich große, sich stark blaufärbende Pilze. Zwei Jahre danach werden die Pilze bereits auf Holzresten, identisch mit der Kultivierweise der *Psilocybe cyanescens,* gezüchtet. Die wichtigsten Gründe für die Beliebtheit der *Psilocybe azurescens* liegen in der hohen Konzentration wirksamer Stoffe und im Vermögen dieser Pilze, in gemäßigten Klimas zu gedeihen. Zur Kultivierung benötigt man nichts anderes als ein paar Holzspäne. Ob diese Holzspäne auf dem Balkon im dritten Stock, im Hof, im Garten eines Reihenhauses oder in freier Natur liegen, macht keinen Unterschied. In den Vereinigten Staaten, dem Land, das dafür bekannt ist, das Leben seiner Bürger schon dann zu ruinieren, wenn diese auch nur über Drogen diskutieren, ist sogenanntes Guerilla Farming sehr beliebt.

PSILOCYBE GERMANICA (DEUTSCHER KAHLKOPF)

Dieser Psilocybin-Pilz ist eine Neuentdeckung aus dem Jahr 2014! Der Leipziger Mykologe und Chemiker Jochen Gartz hat ihn zusammen mit Georg Wiedemann entdeckt und beschrieben. Diese neue Art war bisher vollkommen unbekannt, sie ist bislang nur in Deutschland gefunden worden – daher der Name *Psilocybe germanica.*

Äußeres:
Der Hut ist 1 bis 4 cm breit und weist ähnlich dem *Psilocybe semilanceata* eine Mammille im Zentrum auf. Im feuchten Zustand ist er dunkelbraun und verfärbt

sich beim Austrocknen zu weißlich hin. Die Lamellen sind zunächst bräunlich und verfärben sich bei zunehmender Reife der Sporen zu purpur-braun hin. Der weißliche und gebogen wachsende, nach oben hin dicker werdende Stengel wird 5 bis 9 cm lang und 0,3 bis 0,7 cm dick. Anfänglich ist er mit Myzelium gefüllt, später hohl. Außerdem weist der Stiel eine äußerliche Eigenart auf. Entdecker und Erstbeschreiber Jochen Gartz beschreibt es im Magazin *Lucy's Rausch* als »eindrucksvolle Verdickungen der neuen Art bei den Frischpilzen nach Art eines Gelenks, wobei bei älteren Pilzen tatsächlich der Hut ab dieser Stelle nach vorn knickte« (Gartz 2015). Hut und Stiel blauen bei Berührung, Frost und Regen können ebenso eine starke Blauung der Fruchtkörper bewirken. Die Mammille auf dem Hut verfärbt sich mit der Zeit meist von selbst in Richtung grau-bläulich.

Verbreitungsgebiet:
Psilocybe germanica ist bisher nur in Deutschland entdeckt worden. Die Art wächst häufig in Gruppen und tritt zuweilen in Büscheln auf. Der deutsche Kahlkopf ist ein Holzzersetzer, gedeiht also auf Rinden und Mulch, auf Holzschnitzeln und -resten und auch auf einer Mischung aus Holz, Laub und Erde. *Psilocybe germanica* fruktifiziert von September bis in den Dezember und wurde z. B. in Parks gefunden.

Stärke:
Proben getrockneter *Psilocybe germanica* enthielten zwischen 0,66 und 1,12 Prozent Psilocybin, 0,11 bis 0,30 Prozent Baeocystin und kein Psilocin. Die Art gehört damit zu den potenteren Spezies. Zum pharmakologischen Profil schreibt Entdecker

Psilocybe germanica mit typischer Stielverdickung.

Gartz: »*Psilocybe germanica* ist auch biochemisch sehr interessant. Ihr Alkaloidmuster mit Psilocybin und Baeocystin erscheint völlig identisch zu *Psilocybe semilanceata* und daher von den anderen Holzbewohnern völlig abgetrennt! Auch hier fungierten als Standorte künstlich geschaffene Mulchflächen, im Gegensatz zu *Psilocybe bohemica* auf Holz- und anderen Pflanzenresten im Wald« (Gartz 2015).

Dosierung:
Die Dosierung der *Psilocybe germanica* liegt, je nach gewünschter Intensität, zwischen 0,5 und 2 Gramm der Trockenmasse. Der deutsche Kahlkopf kann wie *Psilocybe semilanceata* dosiert werden.

Geschichte:
Psilocybe germanica wurde 2014 erst vom Mykologen Jochen Gartz und Georg Wiedemann in Dippoldiswalde (Sachsen) entdeckt und im größten deutschen Herbarium in Berlin-Dahlem hinterlegt. Die neue Art wurde von den Erstbeschreibern nach den Elbgermanen benannt, die vor 2000 Jahren am Fundort siedelten.

PANAEOLUS SUBBALTEATUS (DUNKELRANDIGER DÜNGERLING)

Der schwache Bruder in dieser Reihe der Pilzprofile ist der *Panaeolus subbalteatus*, welcher jedoch sehr leicht zu finden ist. Im Deutschen werden sie Dunkelrandige Düngerlinge genannt. Diese großen Pilze wachsen vom Frühjahr bis in den Spätherbst auf Pferdemist, auf gut bemistetem Boden in Parks und Gärten, auf Komposthaufen, in Gewächshäusern, auf mit Gras bewachsenen Weiden, auf Stroh und Heu. Die Dunkelrandigen Düngerlinge kommen allgemein in Europa vor.

Äußeres:
Die Pilze verdanken ihren Namen einer dunklen Stelle am äußeren Rand des Hutes, der 2 bis 6 cm breit ist, in feuchtem Zustand lange ein dunkles, rötliches Braun zeigt und in trockenem Zustand gelbbraun bis bleich graubraun ist, wobei die typische dunkle Zone um den Rand herum entsteht. Der Stiel ist 6 bis 9 cm lang und hat einen Durchmesser von 3 bis 5 mm.

Verbreitungsgebiet:
Panaeolus subbalteatus kommen in allen Weltteilen vor und wurden sogar auf Hawaii gefunden.

Stärke:
Panaeolus subbalteatus enthält einen niedrigen Prozentsatz an Psilocybin. Die Stärke ist bei dieser Sorte sehr unterschiedlich. Es wurde kein Psilocin in diesen Pilzen gefunden.

Dosierung:
Um eine Wirkung erzielen zu können, muß man eine beträchtliche Menge Pilze zu sich nehmen. Der Feinschmecker kann eine Pasta »ai funghi« davon bereiten.

Geschichte:
In der Vergangenheit wurden Dunkelrandige Düngerlinge häufig mit den in freier Natur wachsenden eßbaren Champignons verwechselt. 1816 glaubte ein armer Londoner, auf eine Gruppe Champignons (*Agaricus bisporus*) im Hyde Park gestoßen zu sein. Der Mann sammelte die Pilze und aß sie auf. Es wurde jedoch nicht nur sein Hunger gestillt; nach dem Verzehr wurde ihm schwer zumute. Sein Blickfeld war neblig verschleiert, ihm wurde schwindelig, er hatte ein leichtes Gefühl im Kopf und wusste nicht mehr, wo er war. Nach einigen Stunden verschwanden die Symptome. 1970 fand in Leipzig ebenfalls eine Verwechslung mit essbaren Pilzen statt, die zu einem mehrere Stunden anhaltenden Rausch führte, wobei sich die Fruchtkörper im Strohbett von Zuchtpilzen angesiedelt hatten.

Zeichnung: Wilnah Molenaar

Dunkelrandiger Düngerling (*Panaeolus Subbalteatus*)

PROZENTGEHALTE WIRKSAMER SUBSTANZEN IN GETROCKNETEN PROBEN

Psilocybe semilanceata	Heim	Gartz	Mex.	Amazon
Psilocybin	1,0			
Psilocin	0			
Baeocystin	0,2			
Psilocybe cubensis				
Psilocybin	0,5	0,63	0,15	0,15
Psilocin	0,25	0,11	0,5	0,33
Panaeolus cyanescens				
Psilocybin	0,71			
Psilocin	0,04			
Baeocystin	0,01			

Zeichnung: Wilnah Molenaar

Die schwarzen Düngerlinge (*Panaeolus ater*)

Psilocybe cyanescens	Heim	Gartz	Mex.	Amazon
Psilocybin	0,51	1,68	0,3	0,85
Psilocin	0,08	0,28	0,51	0,36
Baeocystin	0,04	0,02	0,03	-
Psilocybe azurescens				
Psilocybin	1,78			
Psilocin	0,38			
Baeocystin	0,35			
Psilocybe germanica				
Psilocybin		1,12		
Psilocin		0,00		
Baeocystin		0,30		
Panaeolus subbalteatus				
Psilocybin	0,08			
Psilocin	0,00			
Baeocystin	0,46			

Zeichnung: Wilnah Molenaar

Psilocybe aeruginosa

LISTE EINHEIMISCHER RAUSCHPILZE

Hier folgt eine Liste mit Pilzen, die in Europa vorkommen und von denen teilweise bewiesen wurde, dass sie die wirksamen Substanzen Psilocybin und Psilocin enthalten. Pilze, die künstlich kultiviert werden und nicht im europäischen Klima überleben, wurden hier nicht aufgeführt. Die Angaben über die Stärke der verschiedenen Pilze sind auf der Grundlage wissenschaftlicher Literatur zustandegekommen.

Die Panaeolus-Familie (Düngerlinge)

Panaeolus acuminatus = Rotbrauner Düngerling	(wirkungslos)
Panaeolus ater = Schwarzer Düngerling	(umstritten)
Panaeolus fimicola = Dunkler Düngerling	(umstritten)
Panaeolus foenisecii = Heudüngerling, Heuschnittpilz	(wirkungslos)
Panaeolus subbalteatus = Dunkelrandiger Düngerling	(schwach bis mäßig)

Die Psilocybe- und Stropharia-Familie (Kahlköpfe und Blätterpilze)

Psilocybe aeruginosa	(Speisepilz)
Psilocybe azurescens	(extrem stark)
Psilocybe caerulea	(wirkungslos)
Psilocybe coprophila	(wirkungslos)
Psilocybe crobula	(wirkungslos)
Psilocybe cyanescens	(stark bis extrem stark)
Psilocybe fimetaria	(wirkungslos)
Psilocybe germanica	(stark bis sehr stark)
Psilocybe inquilina	(wirkungslos)
Psilocybe liniformans	(schwach bis stark)
Psilocybe luteonitens	(unbekannt)
Psilocybe merdaria	(wirkungslos)
Psilocybe montana	(wirkungslos)
Psilocybe pseudocyanea	(unbekannt)
Psilocybe semiglobata	(wirkungslos)
Psilocybe semilanceata	(stark bis extrem stark)

Die Conocybe-Familie (Samthäubchen)
Conocybe cyanopus (stark)

Die Inocybe-Familie (Risspilze)
Inocybe aeruginascens, (schwach bis mäßig)
zusätzlich mit Alkaloid unbekannter Struktur (Aeruginascin)[34]
Inocybe corydalina (schwach)
Inocybe haemacta (schwach)

Die Pluteus-Familie (Dachpilze)
Pluteus salicinus (schwach bis stark)

Zeichnung: Wilnah Molenaar

Die Grauen Dachpilze (*Pluteus salicinus*).

7 PILZZUCHT

Will man von den Funden in der Natur und den Smart Shops unabhängig sein, ist es empfehlenswert, selbst eine Pilzkultur anzulegen. Für jede Art gibt es eigene Methoden des Kultivierens. Die meistkultivierten psychedelischen Pilze sind *Psilocybe cubensis*, auch »Mexikaner« genannt. Sie verdanken ihren Erfolg der Tatsache, dass sie zu den am einfachsten zu kultivierenden Pilzen auf dieser Erde gehören und in feucht-warmem Klima gedeihen. In Europa können sie nur drinnen kultiviert werden. Andere Sorten psychedelischer Pilze können jedoch auch draußen wachsen. Die blauverfärbenden Kahlköpfe (*Psilocybe cyanescens*) sind eine einheimische Art, die auf Holzspänen wächst, genau wie die nordamerikanische *Psilocybe azurescens*, die auch unser Klima ausgezeichnet verträgt. Die Kultiviermethode dieser Pilze ist jedoch total anders als die der *Psilocybe cubensis*.
Pilzezüchten ist schwieriger als z. B. der Anbau von eigenem Cannabis. Vor dem Anlegen einer Pilzkultur muss man bestimmte Regeln beachten und sehr präzise arbeiten. Das größte Problem ist steriles Arbeiten. Fängt man mit dem Anlegen einer Zucht an, fällt einem bald auf, dass eine Pilzkultur für Bakterien und Schimmel anfällig ist. So sauber und steril man auch arbeitet, ein Kulturglas kann dennoch angesteckt werden. Lass dich jedoch nicht entmutigen! Notiere genau, was du tust und was schiefgeht. Versuche, aus deinen Fehlern zu lernen.

ANLEITUNG ZUM ANLEGEN EINER PILZKULTUR

Quelle: Unten aufgeführte Technik wurde im September 1991 zum ersten Mal in Seattle unter dem Namen PF TEK (Psylocybe Fanaticus Technik) veröffentlicht. Mitte 1998 waren mehr als eine halbe Million Exemplare davon im Umlauf. Die PF TEK ist die populärste ökologische Zuchttechnik der Welt.
Diese vom Erfinder autorisierte Ausgabe wurde von der Stichting Perfect Fungi© an die Situation in Europa angeglichen.

Man benötigt folgendes Zubehör, das nach Verkaufsadressen in alphabetischer Reihenfolge geordnet ist:

Apotheke
Nadeln mit Nadelschutz
Steril verpackte Injektionsspritzen
Spritzen und Nadeln sind nur dann nötig, wenn man selbst Sporenspritzen herstellen will

Baumarkt oder Werkzeugladen
Ahle (oder Stricknadel vom Handarbeitsgeschäft)

Drogerie
Spiritus (85%-iger Alkohol)
kleine, gekrümmte Hautschere oder kleine Schere mit kleiner Spitze
Antibakterielle Seife
Watte

Gartenzentrum
Pflanzenspritze
Perlit
Vermikulit
(Körnergröße 0–3 mm, Grad Nr. 2)

Haushaltartikel (Supermarkt, Kaufhaus, Reformhaus etc.)
Aluminiumfolie
Dampfkochtopf
Feuerzeug
Gläser mit glatten Seitenwänden
15-Watt-Glühbirne
Violette Insektenlampe oder 370-nm-Blacklight (Philips Farbe 5)
Kuchengabel
Kühlbox
Messbecher
Messlöffel
Durchsichtige Plastiktüten (Pedaleimertüten)
Reismehl (Reformhaus) oder brauner Reis
Suppenschüssel
Toilettenpapier

Schreibwarengeschäft
Gummiringe
Markierstift
Tesafilm
Verpackungsfilm

Tierhandlung
Mini-Aquarium
Thermometer fürs Aquarium

Außerdem sollte man über einen staubfreien Raum (z. B. einen großen Wäscheschrank oder eine Duschecke), eine Arbeitsplatte, eine Sitzgelegenheit, einen Gasbrenner und einen Kühlschrank mit Gefrierfach verfügen können.

1 Gläser

Achte bei der Auswahl der Gläser auf eine Oberfläche, die eine bequeme Ernte der Pilze ermöglicht. Mehrere kleine Gläser sind besser als wenige große, da immer wieder Kontaminationen auftreten.

1.1. Man nehme:
Gute Gläser, die man wie eine Kuchenform umstürzen und den Inhalt leicht entfernen kann. Die Gläser dürfen sich beim Auskochen nicht verformen.

1.2. Gläser, die bereits häufiger benutzt wurden
Praktische Gläser aus Weißglas sind Marmeladengläser bis 385 ml oder Einmachgläser.

1.3. Plastikgläser und –formen
Sterilisierbare Gefäße aus hitzebeständigem Plastik wie Polypropylen (PP) sind auch sehr praktisch. Den Namen findet man oft abgekürzt unter einem dreieckigen Symbol. Sie sind billig, leicht und unzerbrechlich, jedoch weniger gut verschließbar.

1.4. Trinkgläser
Trinkgläser eignen sich auch zum Kultivieren, dann benutzt man Aluminiumfolie als Deckel. Auch hier ist die Ansteckungsgefahr größer als bei Gläsern mit Schraubverschluß. Befestigt man die Folie mit einem Gummiband und fügt eine dickere Lage Vermikulit bei (siehe § 2.2), verkleinert man das Risiko.

2 Substratzubereitung und Sterilisieren

Pilze sind einfachere Organismen als Pflanzen. Sie brauchen kein Blattgrün und beziehen darum sowohl Sauerstoff als auch Stickstoff von außerhalb.

2.1.1 Man nehme:

1. Reismehl oder braunen Reis (Selbstgemahlener brauner Reis ist besser als vorverpacktes Reismehl)
2. Mittelgrobes Vermikulit
3. Gläser mit glatten Seitenwänden
4. Ahle oder Stricknadel
5. Suppenschüssel
6. Messbecher
7. Tesafilm
8. Kuchengabel

2.1.2 Rezept zur Zubereitung des Substrats

Eine größtmögliche Ernte erzielt man mit einem viertel Glas braunen Reismehls, einem halben Glas mittelgroben Vermikulits und einem viertel Glas Wasser.

2.2 Verfahren für ein 324-ml-Glas

Falls du Gläser mit Plastikdeckel (oder mit Folie bedeckte Gläser) benutzt, fang bei Schritt 3 an.

1. Schraub den Deckel auf das Glas.
2. Stich 4 Löcher in den Deckel, genau innerhalb des oberen Glasrandes (siehe Zeichnung Nr. 1, ab Seite 98).
3. Schaufle 160 ml Vermikulit in die Suppenschüssel.
4. Schaufle 80 ml Reismehl darüber.
5. Vorsichtig 80 ml Wasser drübergiessen.
6. Mische nun alles gut durch, bis kein trockenes Reismehl mehr übrig ist.
7. Mische das Substrat für jeden Kulturkontainer individuell. So verhindert man die Bildung von Klümpchen.
8. Fülle das Glas locker.
9. Schlage mit deiner Handfläche ein paar Mal sanft auf den Glasboden. Schüttle das Glas nun hin und her, so dass sich das Substrat gleichmäßig verteilen kann.
10. Reinige den Innenrand des Glases.
11. Gib eine trockene Lage Vermikulit über das Substrat.
12. Fege überflüssiges Vermikulit ab und achte darauf, es nicht in das Glas hineinzudrücken! Diese Lage schützt das Substrat vor dem Austrocknen und hält die Feuchtigkeit konstant.
13. Klebe die Löcher in den Deckeln mit Tesafilm zu, drücke evtl. Luftblasen raus und schraube den Deckel zu – jedoch nicht zu fest.

2.3. Sterilisieren

Im ersten Stadium des Wachstums ist das Myzel sehr anfällig für Infektionen, die von Schimmel und Bakterien verursacht werden. Beim Auskochen werden alle Mikroorganismen abgetötet und deren Fortpflanzung verhindert.

2.3.1. Man nehme:

Einen Kochtopf mit gut abschließbarem Deckel. Am Boden des Kochtopfes benötigt man ein Gitter, das die Gläser vom Boden weghält.

2.3.2. Verfahren:

Koche die Gläser eine Stunde lang bei 100 Grad Celsius aus (siehe Zeichnung Nr. 2). Bei einem Schnellkochtopf sind dies 30 Minuten bei 120 Grad Celsius. Der Deckel des Kochtopfes muß gut schließen, sonst trocknet das Substrat aus. Achte darauf, dass kein Wasser in das Substrat kommt, und sorge dafür, dass genug Wasser im Topf ist und das ganze nicht trocken kocht.

2.4. Wartezeit

Bewahre die Gläser bei Zimmertemperatur (z. B. in einer sauberen, gut verschließbaren Kühlbox) auf. Einen Monat danach müssen die Gläser noch genau so aussehen und riechen wie kurz nach dem Sterilisieren. Außerdem müssen sie noch genauso schwer sein. Man kann den Deckel ein wenig lockern und am Inhalt riechen, wenn das Vermikulit ruhig liegenbleibt.

Im Falle einer Ansteckung vereinfacht diese Kontrolle es, den Ursprung festzustellen (siehe auch § 7).

3 Inokulieren und Wachstum

Das Säen der Sporen wird Inokulieren (Beimpfen) genannt. Nicht durchwachsenes Substrat ist sehr anfällig für Ansteckungen. Um evtl. Ansteckung zu vermeiden, wende man folgende Methode an:

3.1. Man nehme:

1. Inokulat (eine Ampulle oder Spritze für 10 Gläser – dies gilt nur für PF & PFE Sporen)
2. Feuerzeug
3. Markierstift
4. Nadel
5. Thermometer

3.2. Verfahren

Schließe Fenster und Türen (Badezimmer eignen sich hierfür ausgezeichnet). Reinige Wäsche und Werkzeug mit einer Mischung aus antibakterieller Seife und Spiritus.

1. (Glas mit Plastikdeckel): Stich mit einer heißen Nadel 4 Löcher in den Deckel, innerhalb des Drehrings. Dies ist bei Trinkgläsern mit Folie nicht nötig. Hier einen Deckel mit 4 Löchern als Schablone benutzen.

2. Schüttle die Spritze, damit sich die Sporen im Wasser verteilen können, und entferne den Nadelschutz.

3. Glühe die Nadel mit der Spitze nach unten im oberen Teil einer rußfreien Flamme aus. Für eine rußfreie Flamme benutzt du ein umgedrehtes Schnapsglas mit einem Tropfen Spiritus aus der Pipette. Ein Tropfen brennt genau lange genug.

4. Stich die Nadel durch ein Loch und lass sie abkühlen.

5. Nimm die Spritze zwischen Daumen und Mittel- oder Ringfinger, den Zeigefinger am Drücker (nicht den Daumen, weil man dann nicht gut dosieren kann). Halte die Nadel ans Glas, so dass die Öffnung in der Nadelspitze sichtbar ist.

6. Während das Inokulat nach unten tropft, den Finger vom Drücker nehmen, ungefähr 1 Sekunde warten, dann die Nadel wieder zurückziehen. Verstopft die Spritze, zieht man sie zurück, so beseitigt man die Verstopfung. Achtung: Nicht in die Öffnung atmen!

7. Wiederhole Stufen 4 bis 6, bis alle Öffnungen inokuliert sind, reinige die Nadel wieder unter einer rußfreien Flamme, befestige den Nadelschutz und bewahre die Spritze luftdicht auf.

8. Dichte die Löcher im Deckel mit Tesafilm ab und schreibe das Datum auf das Glas.

9. Inokuliere das nächste Glas erst dann, wenn die Sporen im ersten Glas keimen. Innerhalb eines Monats kann man so konstant Eigenbedarf ernten. Mehr kostet unnötig viel Zeit, Platz und Material und kann der Qualität schaden.

3.3. Keimen und Wachstum

Bewahre die Gläser bei einer Temperatur zwischen 15 und 30 Grad Celsius an einem staubfreien Ort ohne Sonnenlicht auf. Eine Kühlbox eignet sich dafür ausgezeichnet. Ist Wärme nötig, scheine mit einer Glühbirne drauf, Bodenwärme trocknet das Substrat aus. Innerhalb einer Woche bilden sich auf dem Myzel kleine weiße, flaumige Flecken, in der zweiten Woche Myzelien, die das Substrat durchwachsen (siehe Zeichnung Nr. 3).

4 Kulturumgebung

Sobald sich Pilzvorstufen (Primordien) auf dem Substrat bilden, kann das Glas weggenommen werden. (Vorsicht, beschädige die jungen Pilze nicht!) Schneide undurchwachsene Stücke mit einem heißen Messer aus dem Kuchen, um eventuelle Ansteckungsgefahr zu beseitigen. Nur völlig durchwachsene Substratblöcke sollen zur Fruktifikation gebracht werden, da undurchwachsenes Substrat zur Schimmelbildung neigt.

4.1. Verfahren

Drehe das Glas um und stürze den Kuchen vorsichtig raus. Bricht ein Stück ab, kann man es zurücklegen, es wächst dann von selbst wieder an. Die Kuchen riechen unangenehm und erinnern an feuchtes Herbstlaub. Vorsicht vor saurem oder muffigem Geruch (siehe Kapitel 7). Entferne Tropfen mit Toilettenpapier. Gewöhnlich haben beschädigte Kuchen blaue Flecken, dies hat jedoch mit Verfaulen nichts zu tun.

4.2. Kulturumgebung

In einer guten Kulturform:
- bleibt die relative Luftfeuchtigkeit über 85%,
- sind Belüftung und Temperatur gut kontrollierbar,
- können die Kuchen von oben beleuchtet werden und
- ist alles leicht zu reinigen.

4.2.1. Man nehme:

1. Kleines Aquarium oder durchsichtige Obstschale
2. Durchsichtige Pedaleimertüten (für Kulturtüte) oder Plexiglasplatte und -deckel (für Kulturform)
3. Ausgekochtes, mit Wasser gesättigtes Perlit
4. Pflanzenspritzer mit hohem Druck

4.2.2. Konstruktion und Aufstellung

Bitte beachte die Zeichnungen für die Konstruktion. In einer Tüte mit nur einem Kuchen (siehe Zeichnung Nr. 4) bleibt die Luftfeuchtigkeit hoch, verbreitet sich keine Ansteckung, sondern tritt Sauerstoffknappheit auf. Für das Abpacken mehrerer Kuchen (siehe Zeichnungen Nr. 5 und 6) sind Vor- und Nachteile genau andersrum. Perlit ist kapillar und lässt Wasser schneller verdampfen als Vermikulit. Füge noch während des Kochens die benötigte Lage Perlit hinzu, der Dampf sorgt für eine schnelle Befeuchtung der Form. Stecke das kleine Aquarium oder die Obstschale in die Tüte und verschließe diese. Stelle oder hänge die Kulturtüte oder -form in ein Küchenschränkchen. Hänge ein Blacklight drüber. Halte zwischen dem Blacklight und der Form genügend Abstand, so dass der Kuchen nicht austrocknet. Weder Blacklight noch Schränkchen sind absolut nötig – im Urlaub kann man die Kulturtüten in einem Zelt oder einem Baum aufhängen.

4.3. Vernebeln

Verneble regelmäßig alle 24 Stunden einmal Wasser mit Luft. Der Nebel fügt frischen Sauerstoff hinzu und löst Stickstoff auf. Gegen direkte Wassertropfen sind die Pilze geschützt. Überflüssiges Wasser kann durch ein Loch im Boden abgeführt werden.

4.4. Licht, Luft und Temperatur

Die meisten Primordien bilden sich im Licht von 370 nanometer (Dekorations-Blacklight) (1). Pilze wachsen zum Licht hin. Eine mehr als 12 Stunden betragende Fotoperiode kann der Potenz der Pilze jedoch schaden.
Die Lichtintensität ist weniger wichtig, kann man dabei gerade noch lesen, so genügt das. Tägliche Belüftung ist empfehlenswert. Zuviel Kohlendioxyd bremst das Wachstum des Hutes bei mehreren Pilzarten, jedoch weniger bei *Psilocybe cubensis*. Am schnellsten gedeihen die Pilze bei einer Temperatur von 30 Grad Celsius (2). Sie sind dann weniger fest und weniger potent. Ab dem Moment, ab dem sich Pilzvorstufen entwickeln, ist eine Temperatur von 21 Grad Celsius am besten (3).

4.5. Pilze und Missbildungen

Pilzprimordien entstehen aus weißen Pünktchen, diese werden gelbe Minipilze. Die ersten sind deformiert und hören schon nach ein paar Tagen mit dem Wachsen auf.
Die Spitze eines »abgehenden« Babypilzes wird dunkelbraun, später schwarz und verformt sich von rund nach dreieckig. Der Hut fällt vorzeitig ab und wird besonders dick. Andere Missbildungen bleiben weiße Knöllchen. Ernte diese mit einer Nadel, bevor sie weich werden, Missbildungen sind sehr potent!
Die echten Pilze bilden sich aus anderen Vorstufen. Ein Viertel des feuchten Substratgewichtes zu ernten, ist normal. In Ausnahmefällen wurden bei vier Ernten bis ca. 60 % festgestellt.

(1) Badham, E.R.: »The Effect of Light upon Basidiocarp Initiation in Psilocybe Cubensis«, Mycologia 72 (1980), pp. 136 – 142

(2) Ames, Ralph W.: »The Influence of Temperature on Mycelial Growth of Psilocybe, Panaeolus and Copelandia.«, Mycopathologia 9 (1958), pp. 268 – 274

(3) Stamets, Paul and Chilton, J. S.: »The Mushroom Cultivator – a practical Guide to growing Mushrooms at Home«, Agarikon Press, Washington, 1983

5 Impfmaterial

Reife Sporen der Zuchtpilze verfärben den Kuchen dunkel. Während der Zubereitung des Inokulats besteht Ansteckungsgefahr. Arbeite sauber.

5.1. Man nehme:

1. Glas mit Deckel aus Metall
2. Folie
3. Topf oder Ofen
4. Spiritus
5. Seifenlauge
6. Gekrümmte Hautschere
7. Kleines Messer
8. Feuerzeug
9. Watte
10. Schnapsglas

5.1.1. Verfahren

1. Decke das Glas mit Aluminiumfolie und evtl. einem Gummiband ab. Lege den Deckel in eine Mischung aus Spiritus und Seifenlauge.

2. Stelle die Gläser eine halbe Stunde lang bei mindestens 150 Grad Celsius in den Ofen oder koche sie in einem geschlossenen Topf aus. In einem Kochtopf darf das Glas den Boden nicht berühren.

3. Schließe Fenster und Türen. Reinige Wände und benötigte Utensilien mit Seifenlauge/Spiritus.

4. Setze das abgekühlte Glas rechts neben einen Kuchen mit sporulierenden Pilzen nieder. Lege den umgedrehten Deckel rechts daneben (siehe Zeichnung Nr. 7).

5. Stelle ein umgedrehtes Schnapsglas mit ein wenig Spiritus (70–80%) links neben den Kuchen. Lege das Feuerzeug daneben.

6. Lockere die Folie so, dass du sie mit einer Hand vom Glas entfernen kannst.

7. Tränke einen Wattebausch mit Spiritus. Reinige damit Messer und Schere.

8. Entzünde den Spiritus im Boden des Schnapsglases. Glühe Schere und Messerspitze aus (siehe Zeichnung Nr. 8).

9. Stich mit dem Messer in den Hut und zwicke den Stiel mit der Schere ab (siehe Zeichnung Nr. 9).

10. Halte deine Hände nicht über das Glas, ziehe die Folie weg, schneide den Hut mit der Schere vom Messer (siehe Zeichnung Nr. 10), lege ihn in das Glas und schraube jetzt den Deckel drauf.

11. Laß das Glas vier Tage lang bei Zimmertemperatur stehen (siehe Zeichnung Nr. 11).

12. Entferne den Hut mit einem heißen Messer und lasse den Sporenabdruck trocknen. Dieser ist ein Jahr haltbar.

5.2. Herstellung des Inokulats

Koche eine Spritze und ein Glas Wasser mit einem abgeklebten Loch im Deckel eine Stunde lang in einem Kochtopf mit Wasser. Stich eine Öffnung in den Deckel des Glases, in dem sich der Sporenabdruck befindet. Glühe die Nadel aus und spritze etwas abgekühltes steriles Wasser über die Sporen. Klebe die Öffnung zu und gefriere das Sporenwasser. Taue es so auf, dass das Glas schräg steht, Vorsicht vor treibenden Eiswürfeln. Das Wasser darf den Deckel nicht berühren. Verpacke dieses Glas luftdicht.

5.3. Füllen der Spritzen

Nimm einen Kochtopf, fülle ihn mit Wasser und koche darin eine Spritze und ein mit Wasser gefülltes Glas, das eine abgeklebte Öffnung im Deckel hat, eine Stunde lang aus. Glühe die Nadel aus und spritze eine Lage abgekühltes steriles Wasser in das Glas mit Sporenwasser. Halte das Glas schräg und ziehe die Spritze voll (Zeichnung 12). Glühe die Nadel wieder aus und verpacke die Spritze luftdicht.

6 Ernte und Konservierung

Junge Pilze sind besser als ausgewachsene.

Nota bene: Beschließe bei jedem Pilz, ob du ihn sporulieren läßt, ihn aufisst oder wegwirfst. Hebe die Pilze nicht auf: je frischer die Ernte, desto potenter die Pilze.

6.1. Ernten

Wirksame Substanzen konzentrieren sich in den Hüten der jungen Pilze. Sobald das Sporulieren anfängt, vermindert sich der Gehalt wirksamer Substanzen. Der Moment des Erntens zu Konsumzwecken ist dann gegeben, wenn das Schutzvlies zwischen Hut und Stiel sich gerade öffnet.

6.1.1. Man nehme:

1. Trockene Hände
2. Scharfes Messer
3. Nadel

6.1.2. Verfahren:

Ernte mit trockenen Händen. Drücke den Pilz mit einer drehenden Bewegung weg vom Kuchen. Benutze eine Nadel für die Kleinen. Schneide Gruppen zusammengewachsener Pilze zuerst los und entferne dann die Stümpfe.

6.2. Konservierung

Blaufärbung kündigt Oxidation des Psilocybins an (1). UV-Licht, Feuchtigkeit, Wärme und Sauerstoff beschleunigen den Verfall. Trocknen und Anti-Oxidantien (2) verzögern diesen Vorgang.

6.3. Trocknen

Trocknen vermindert Magen- und Darmbeschwerden. Getrocknete Pilze sind am besten haltbar.

6.3.1. Man nehme:

1. 15-Watt-Glühbirne
2. Thermometer
3. T-Shirt oder Laken
4. Schachtel
5. Stecknadeln

6.3.2. Verfahren:

Schneide Löcher in die Seiten der Schachtel und lege die Glühbirne rein. Spanne das T-Shirt oder Laken als Baldachin darüber und befestige es. Lege Pilze und Thermometer darauf (Zeichnung Nr. 13). Vermeide Temperaturen über 30 Grad Celsius. Sobald die Pilze faltig werden, das Vermikulit entfernen. Knusprige Pilze kann man dann luft- und feuchtigkeitsfrei ins Gefrierfach legen.

(1) Gartz, Jochen: »Narrenschwämme, Psychoaktive Pilze rund um die Welt»

(2) Wolfbach, jr. A.B. Miner E. J. and Isbell, Harris: »Comparison of Psilocin with Psilocybin, Mescaline and LSD-25«, Psychopharmacologia 3 (1962), pp. 219 – 223

7 Kontrolliste

Der Konsum von Pilzen, die von Reisnährböden stammen, die nicht total weiß sind, kann der Gesundheit schaden.

Kontrolliere bei Problemen diese Liste:

Abgekochtes, nicht inokuliertes Substrat (§ 2.4) schimmelt oder riecht sauer:
Länger abkochen und/oder darauf achten, dass kein Wasser in die Gläser kommt.

Nur das Testglas schimmelt oder riecht sauer:
Die Lage Vermikulit muss erhöht werden.

Nur das inokulierte Substrat ist befallen:
Nadel wurde nicht ausgeglüht. Vor und nach jedem Kontakt mit nicht-sterilem Material Nadel ausglühen.
Inokulat ist verschmutzt. Neues benutzen.

Sporen keimen nicht:
Inokulat befindet sich zu nah an der Oberfläche, tiefer inokulieren.
Es ist kälter als 15 Grad Celsius. Von oben erwärmen (§ 3.3).
Sporen sind zu alt oder wärmer als 40 Grad Celsius geworden, sie sind abgestorben.

Das Durchwachsen hört auf:
Myzel erstickt, Deckel losschrauben.

Kuchen trocknet aus:
Keine Bodenwärme benutzen.

Pilzwachstum hört auf:
Perlitlage (§ 4.2.2) und Pilze sind übersättigt. Beginne erneut. Kuchen auf den Deckel stellen. Die Stiele der übersättigten Babypilze sind vertikal braun gestreift.

Kuchen trocknet aus:
Injiziere Wasser und besprühe häufiger, Austrocknen im Anfangsstadium erkennt man an weißem Bewachsen des Pilzhutes.

Es wachsen nur missgebildete Pilze:
Kultur wurde mit Reinigungsmittel vergiftet.
Substratformel stimmt nicht (§ 2.1.2).

Hüte entwickeln sich nicht:
Zu wenig Licht von der richtigen Farbe (§ 4.4).
Zuviel Kohlendioxyd. Häufiger belüften.

Sporen bleiben aus:
Luft ist zu trocken bzw. sauerstoffarm, mehr mit Wasser bestäuben.

Andere Probleme:
Richte bitte deine Fragen in englischer Sprache an die untenstehende Internet-Gruppe. Die Antwort folgt meistens in nur einer Woche.

alt.nature.mushrooms

Der vielversprechende *Psilocybe azurescens.*

ILLUSTRATIONEN

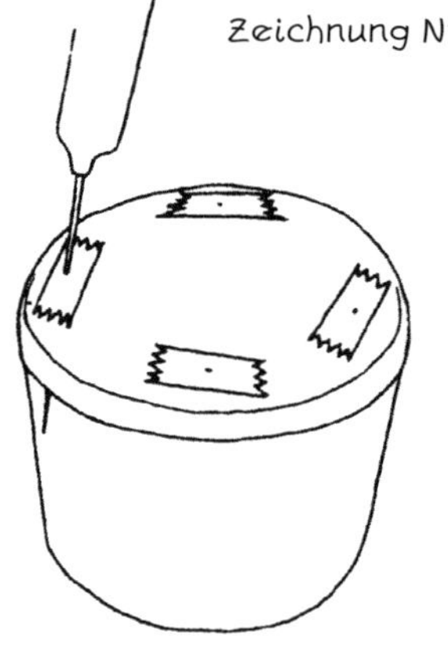

Zeichnung Nr. 1

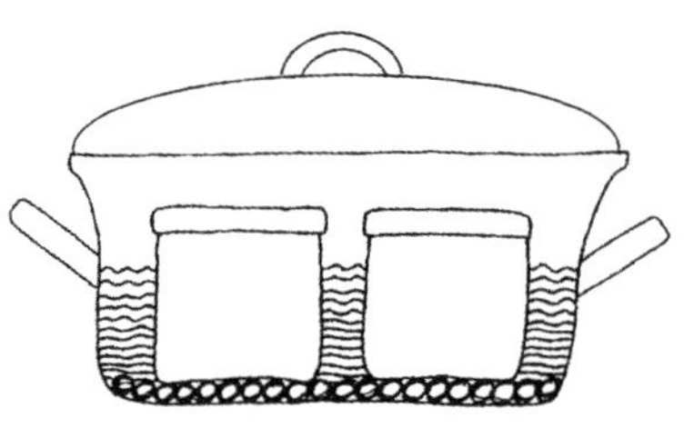

Zeichnung Nr. 2

Zeichnung Nr. 3

Zeichnung Nr. 4

Zeichnung Nr. 5

Zeichnung Nr. 6

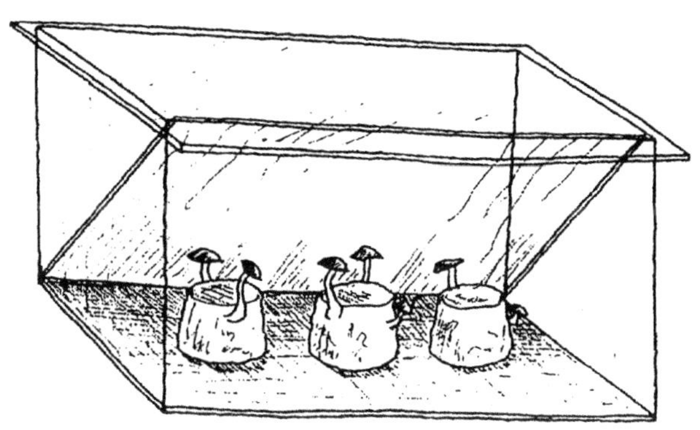

Zeichnung Nr. 7

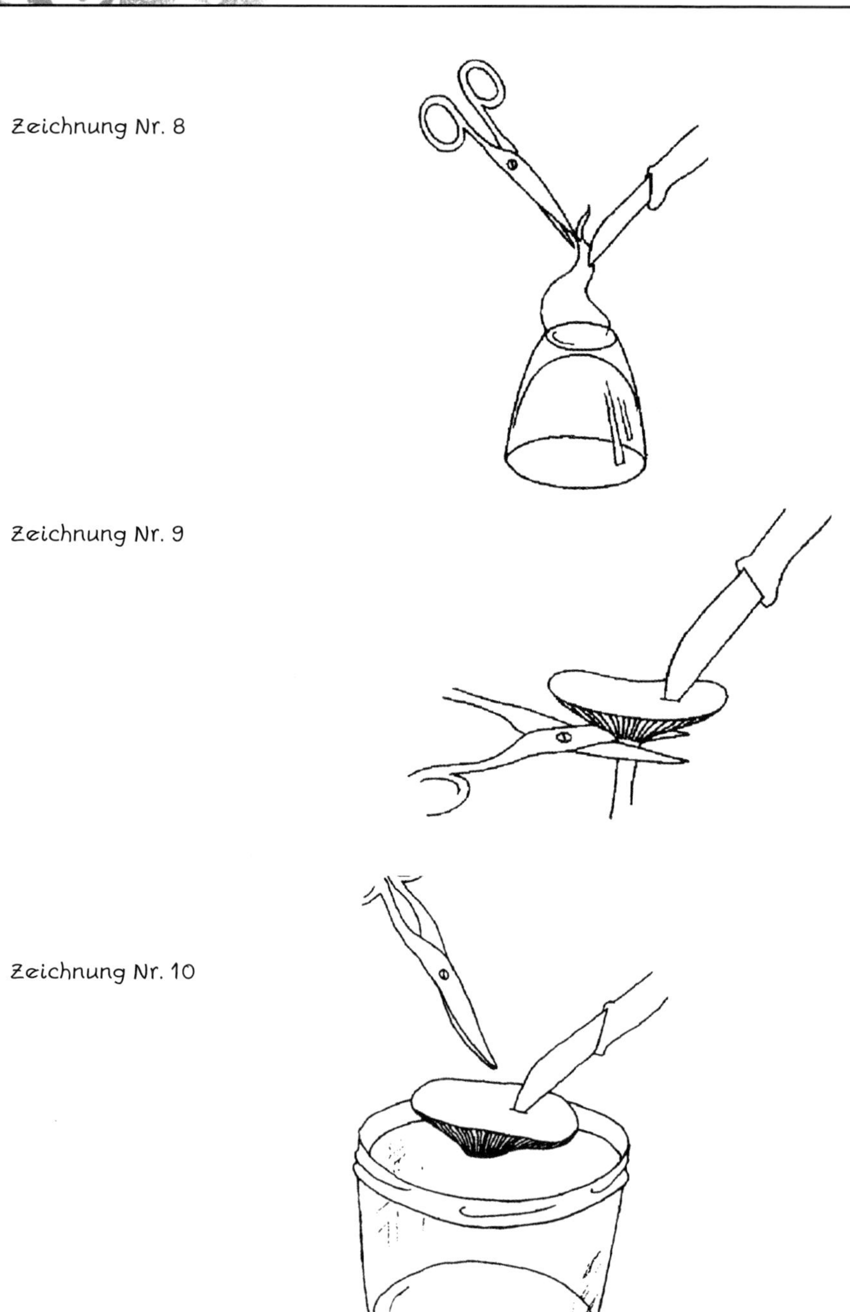

Zeichnung Nr. 8

Zeichnung Nr. 9

Zeichnung Nr. 10

Zeichnung Nr. 11

Zeichnung Nr. 12

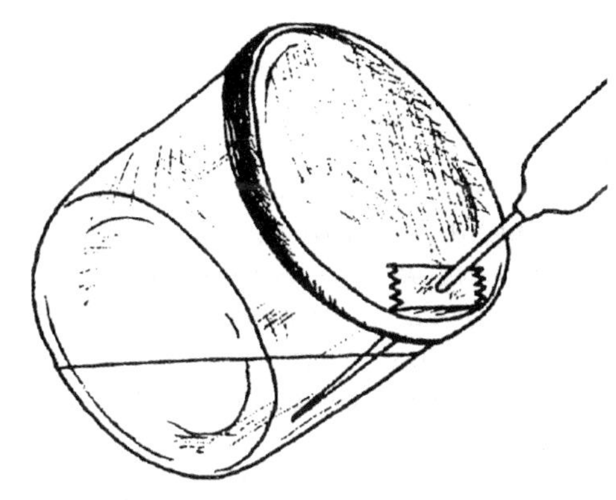

Zeichnung Nr. 13

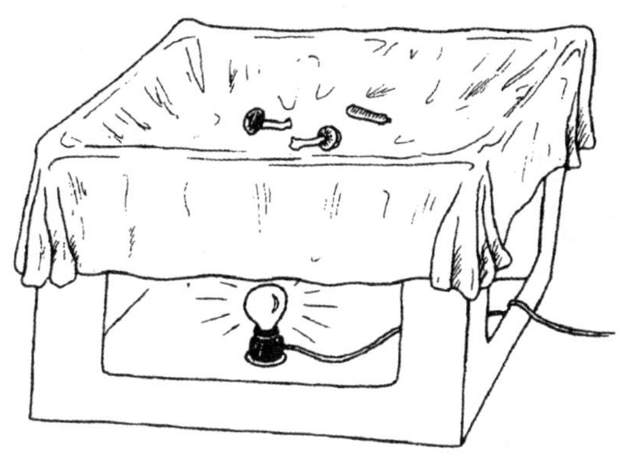

Foto: Markus Berger

Getrocknete Exemplare des Böhmischen Kahlkopfs *Psilocybe bohemica*, der eine lokale Varietät des *Psilocybe cyanescens* ist.

8 RISIKEN

Der Konsum psychedelischer Pilze ist nicht ungefährlich. Risiken kann man in verschiedene Kategorien einteilen: Die Psilos selbst, das Ausflippen und das Betäubungsmittelgesetz.

RAUSCHPILZE

Die Giftigkeit psychedelischer Pilze ist besonders gering. Bei der Giftigkeit einer Substanz sollte man sich stets an die Aussage des Schweizer Heilkundigen Paracelsus (1493–1541) erinnern:

Alle Dinge sind Gift
Und nichts ohne Gift
Allein die Dosis macht
Dass ein Ding kein Gift ist.[35]

Die Giftigkeit einer Substanz hängt im wesentlichen von der Menge ab. Nur wenige Menschen betrachten Wasser als giftige Substanz, dennoch kann der Konsum vieler Liter Wasser zum Tod führen.[36] Auch eine relativ unschuldige Droge wie Kaffee kann tödlich sein: Wer ein Päckchen Kaffee isst, überlebt es nicht.
Psychedelische Pilze sind auffallend sicher. Als man Ende der fünfziger Jahre an Labormäusen reines Psilocybin testete, um die tödliche Menge festzustellen, gelang dies den Forschern nicht, und sie erwähnten in ihren wissenschaftlichen Berichten, dass LD50 (die Menge, die benötigt wird, die Hälfte der Versuchstiere zu töten) mit absoluter Sicherheit über 250 Milligramm pro Kilo Körpergewicht liegt. Ein Mensch müsste also sein eigenes Gewicht an frischen Rauschpilzen zu sich nehmen, um daran zu sterben.[37]
In der wissenschaftlichen Literatur werden zwei Todesfälle beschrieben, die möglicherweise durch Rauschpilze verursacht wurden. Beide Fälle weisen jedoch zu viele Unstimmigkeiten auf, als dass man die Rauschpilze mit Sicherheit als Todesursache nennen könnte.
Der erste Fall ereignete sich 1960 in den Vereinigten Staaten: Ein fünfjähriges Kind aß Pilze aus dem elterlichen Garten und verschied ein paar Tage danach.

Anfänglich machte man *Psilocybe baeocystis* für die Todesursache verantwortlich. Bei der Autopsie wiesen jedoch eine Anzahl anderer Symptome in Richtung giftiger Pilzsorten. Der Mykologe, der den Garten untersuchte, fand verschiedene giftige Pilzarten. Der Verdacht, dass das Kind duch den Verzehr psilocybinhaltiger Pilze ums Leben gekommen sein soll, konnte sich so nicht erhärten.[38]
Bei dem anderen Fall handelt es sich um einen zweiundzwanzigjährigen Franzosen, der im Jahr 1993 nach Sammeln und Konsumieren Spitzkegeliger Kahlköpfe (*Psilocybe semilanceata*) stirbt. Die französischen Toxikologen, die den Todesfall und die darauffolgenden Untersuchungen beschreiben, lassen jedoch zu viele Fragen offen. Die französischen Wissenschaftler scheinen ziemlich darauf erpicht, den Todesfall den Spitzkegeligen Kahlköpfen in die Schuhe zu schieben. Sie ignorieren andere mögliche Toxine und scheinen bezüglich einiger relevanter Tatsachen nicht auf der Höhe zu sein. Nachdem dies angeblich der erste Fall ist, in dem der Verzehr Spitzkegeliger Kahlköpfe zum Tod führte, muß die Beweislast deutlich sein. Jegliche Beweise hierfür fehlen jedoch.[39]
Aufgrund der modernen Anwendung psychedelischer Pilze ist anzunehmen, dass diese auf der Erde millionenfach konsumiert wurden, ohne je zum Tod einer Person geführt zu haben. Pilze sind ein Naturprodukt, auch wenn sie gezüchtet werden. Manche Pilzsorten variieren sehr in ihrer Stärke, vor allem die »mexikanischen« *Psilocybe cubensis* und der »Hawaiianer« *Panaeolus cyanescens* können unerwartete Reaktionen hervorrufen. Eine doppelte Dosis kann einen milden Trip, die Hälfte jedoch genauso gut einen superstarken Trip verursachen. Im Juli 1997 konsumiert ein Tripper mit 20 Jahren Erfahrung eine halbe Portion *Panaeolus cyanescens.* Einen Tag danach ruft er mich an, um mir mitzuteilen, dass er »so etwas noch nie mitgemacht« habe. »Die Zeit stand still, in fünf Minuten habe ich ungefähr dreißigmal gefragt, wie spät es ist. Es war so schön, unglaublich beeindruckend, wunderbar. Ich wollte nicht mehr zurück. Das war der stärkste Trip, den ich jemals mitgemacht habe. Es war höchstens eine halbe Portion, ich habe nur vier kleine Pilze gegessen.«
Eine andere Gefahr birgt das Einatmen großer Mengen Pilzsporen, das gilt vor allem für die Einpacker, die bei großen Pilzzuchtanlagen beschäftigt sind. Die dunklen, warmen und feuchten Gefilde der Lungen sind ein ausgezeichneter Brutplatz für Pilze.

RAUSCHPILZE SELBST SAMMELN

Beim Sammeln der Rauschpilze in freier Natur besteht das Risiko, dass man eine falsche Pilzart pflückt, die derjenigen, nach der man sucht, stark ähnelt. Es gibt tödliche Doppelgänger! Diese Gefahr kann man durch das Konsumieren gezüchteter Pilze vermeiden.
Der deutsche Pilzexperte Jochen Gartz schreibt in seinem Buch *Narrenschwämme,* wie schwierig es ist, Pilze zu identifizieren:

Ich erinnere mich genau an meinen ersten Versuch, meine erste Pilzprobe anhand sogenannter genauer Beschreibungen eines mykologischen Standardlexikons zu bestimmen. Viele der Beschreibungen schienen mit einer großen Sammlung Proben übereinzustimmen. Während ich meine Proben mit dem Text verglich, fiel mir auf, dass ich so manche im Handbuch genannten Details absichtlich ignorierte, so dass »mein Pilz« besser zu der Beschreibung der Art passte, die ich haben wollte. Ein Vorgehen dieser Art ist natürlich zum Scheitern verurteilt.

Laut Jochen Gartz sind die Spitzkegeligen Kahlköpfe Pilze, die eigentlich nicht mit anderen Arten verwechselt werden können. Manch psychedelische Art jedoch, die auf Holzresten gedeiht, kann mit einer tödlichen Art verwechselt werden. *Galerina autumnalis* und *Galerina marginata* wachsen ebenfalls auf Holzspänen und enthalten das tödliche Gift *Amanitin*. Sowohl Jochen Gartz als auch sein amerikanischer Kollege Paul Stamets haben Galerinasorten gefunden, die zwischen psychedelischen Pilzen wuchsen. In Paul Stamets neuestem Werk, »Psilocybinpilze der Welt«, ist ein Foto von Pilzen auf Holzstrünken zu bewundern. Diese Pilze sind bräunlich, die Stiele fahlweiß bis hellbraun. Die tödliche Art kann von der psychedelischen nur durch mikroskopische Sporenuntersuchung unterschieden werden.
In den letzten fünfunddreißig Jahren haben sich in den Niederlanden keine Pilzvergiftungen mit tödlichem Ende ereignet. Holländer haben oft Angst vor Pilzen und gehören darum auch zu den Mykophoben. Hoffentlich hilft diese »pilzscheue« Haltung auch in der Zukunft, Pilzvergiftungen vorzubeugen.
Eine andere Gefahr beim Sammeln von Pilzen ist der radioaktive Niederschlag, der während des Kernreaktorunglücks in Tschernobyl erfolgte. Pilze nehmen sehr leicht radioaktives Cäsium auf. Psychedelische Pilze sind da keine Ausnahme. Es wird darum abgeraten, Pilze in den Vogesen zu sammeln, weil dort eine erhöhte Radioaktivität gemessen wurde. Auch Polen hatte nach dem Unglück in Tschernobyl viel radioaktiven, cäsiumhaltigen Niederschlag. Ein Teil der Spitzkegeligen Kahlköpfe, die in Smart Shops verkauft werden, kommen aus Polen. Allerdings ist eine Menge von 1 g Trockenpilze nie signifikant und besorgniserregend verstrahlt, wie es bei großen Mahlzeiten von Speisepilzen sein könnte.

BAD TRIP

Eine andere Gefahr beim Konsum der Rauschpilze ist das Ausflippen, auch »Bad Trip« genannt. Man kann von einer gewissen Unzuverlässigkeit von seiten der Pilze sprechen, man kann also zuvor nicht beurteilen, wer ausflippen wird und wer nicht.
Die Wirkung der Rauschpilze hängt von drei Faktoren ab: Dosis, Person und Umgebung, in der sich der Trip abspielt. Diese drei Variablen sind voneinander abhängig. Hat die betreffende Person psychische Probleme, kann bereits eine

niedrige Dosierung einen Bad Trip verursachen. Auch eine Person ohne psychische Probleme kann ausflippen, und zwar dann, wenn sie bzw. er sich in schlechter Gesellschaft befindet. Bei jungen Leuten ist die Gefahr des Ausflippens größer. Unerfahrenheit spielt hier eine Rolle, aber auch Unvorsichtigkeit und starke Stimmungswechsel können einen Bad Trip verursachen. Ein Bad Trip ist aber kein psychisches Unglück, sondern eine Manifestation des Unbewussten und kann unter Umständen auch heilsam sein.

Psilos sind kein Spielzeug!

Maartje aus Amsterdam ist sechzehn Jahre alt und hat viermal Rauschpilze genommen. Vom Hintergrund der Psilos und von Vorsichtsmaßregeln beim Konsum weiß sie wenig:

> Das letzte Mal, als ich Psilos nahm, aß ich zwei Gramm getrocknete »Mexikaner«. Eine Freundin nahm die gleiche Menge. Für sie war es perfekt, genau wie bei mir das erste Mal. Am Anfang ging es mir auch gut. Nach einer Stunde starrte ich an eine weiße Mauer, die sich plötzlich ganz rosa verfärbte, ich erblickte Figuren, Kugeln und Sterne in dreidimensionalem Raum. Ich konnte total reingehen. Meistens geht es wieder weg, sobald ich auf die andere Seite schaue, aber jetzt nicht. Es war überall und hörte nicht auf. Ich befand mich in einem fernöstlich eingerichteten Haus, alles voll mit Trip-Statuen, -Gemälden und sowas. Überall, wo ich auch hin sah, erblickte ich dieses Zeug. Es war schlimm. Ich fing an zu weinen und wollte, dass es wegging, ich hatte Probleme mit einer Art Nebel, auch wollte ich gern zu meiner Mutter. Eine Freundin setzte sich zu mir, hatte jedoch keine Ahnung. Ich konnte es auch nicht erklären, musste vor allem viel weinen und redete die ganze Zeit über mit mir selber, ich führte Selbstgespräche. Mit meinen Freunden konnte ich überhaupt nicht in Kontakt kommen, ich verstand sie nicht, es war sehr merkwürdig. Die Welt sah total anders aus. Ich dachte: Was tu ich hier eigentlich? Ich lebe, und alles ist so merkwürdig.
> Erneut sah ich Kugeln und Sterne auf mich zukommen, ich ging hinein, und es war, als ob ich mich in einer anderen Dimension befand, alles voll mit Formen, und es hörte nicht auf. Ich konnte nur noch heulen, heulen und heulen. Ich ging nach Hause und versuchte, eine Orange zu essen, konnte jedoch keinen Bissen runterkriegen. Ich merkte, dass die Wirkung abnahm, aber die Angst kam ab und zu wieder zurück. Nach einer Stunde war das Scheißgefühl weg, aber die Formen sah ich immer noch.

Eines Abends, eine Woche nach dieser Erfahrung, will Maartje schlafen gehen. Sie hat viel gekifft, angsteinjagende Formen erscheinen auf ihrer Netzhaut:

> Ich hatte mit ein paar Freundinnen ziemlich was abgekifft, echt total viel. Ich schaltete das Licht aus, und wir gingen schlafen. Ich schloss meine Augen und konzentrierte mich auf das, was ich im Dunkeln sah. Dann wurde es schlimm. Ich öffnete meine Augen und dachte: Nein, nicht das schon wieder!

> Seit damals habe ich Probleme mit dem Schlafengehen. Ich habe Angst vor der Idee, dass es zurückkommt. Ich habe ein Gefühl, als ob ich durch den Weltraum gehe, mit all den Formen um mich hin, und ich gehe auch total rein. Hätte ich keinen Bad Trip gehabt, wäre es super gewesen. Aber das Angstgefühl von dem Bad Trip hängt dran. Ich dachte, ich sterbe, ein Gefühl, als ob ich am Rand saß, überkam mich. Es war alles so neu, ich kannte diese Welt überhaupt nicht.

Darauf zurückblickend, meint Maartje, sie habe eine Abneigung gegenüber Rauschpilzen bekommen. Sie glaubt, gelernt zu haben, dass Drogen kein Spielzeug sind, das man zum Spaß nimmt. Ihr Rat ist: »Laß dich zuerst von Leuten gut beraten, die echt Ahnung von der Sache haben. Nimm nicht zuviel und benutze nicht noch anderes gleichzeitig.«
Was genau den Bad Trip bei Maartje verursachte, ist schwer zu sagen. Zwei Gramm getrocknete *Psilocybe cubensis* ist eine mäßige Dosierung. Maartje befindet sich während des Trips in der vertrauten Gesellschaft von Freundinnen, die jedoch keine Erfahrung mit Rauschpilzen haben. Eigentlich weiß mit ihrer Angst niemand umzugehen. Das Haus, in dem sich der Trip anfänglich abspielt, ist Maartje unbekannt und wirkt wegen der Einrichtung bedrohend. Sie macht den klassischen Fehler aller Anfänger, nämlich zu wollen, dass der Trip aufhört. Sie kämpft gegen die Wirkung der Rauschpilze an. Das ist ein Kampf, den man immer verlieren wird. Die wirksamen Substanzen der Rauschpilze sind im Körper und bleiben auch eine Zeitlang dort.

»Unterlasse derartige Experimente«

Auch der siebzehnjährige Jasper Blom aus Oosterhout ist ein jugendlicher Gebraucher, der auf eine unangenehme Psilo-Erfahrung zurückblickt. 1997 warnt er die Leser der Rubrik »Achterwerk« im VPRO-Führer vor dem Konsum von Rauschpilzen. Im Winter hat er mit seinem besten Freund Rainier Psilos genommen. Auch diese beiden nehmen jeder ca. zwei Gramm getrocknete »Mexikaner«, genau wie Maartje aus Amsterdam. Rainier nimmt die Rauschpilze auf nüchternen Magen. Jasper hat vorher gegessen, was später noch Folgen haben wird.
Eine Stunde nach dem Konsum merkt Jasper noch fast nichts, während Rainier vergnügt auf eine weiße Mauer starrt. Jasper will nicht hinterherhinken und nimmt noch ca. eineinhalb Gramm dazu. Rainier tut das gleiche. Nicht lange danach bekommt Jasper Angst vor den Bässen in der Musik. Er glaubt, die Bässe berühren ihn. Trotz aller Witze, die Jasper mit Rainier reißt, kann er sich nicht an die fremde Welt der Pilze gewöhnen: »Meine Beine reagieren nicht mehr, wie ich will, und meine Hände sehen gruselig aus.« Rainier vermutet, dass Jasper sich in einem Bad Trip befindet, und versucht, ihn zu beruhigen, was ihm jedoch nur teilweise gelingt. Die zwei Freunde lachen oft, Jasper befindet sich jedoch häufig am Rand der Angst. Ein paar Mal äußert er den Wunsch, die Wirkung möge aufhören. Rainier berichtet:

Was wir alles mitmachten, ist eigentlich zuviel für den Geist. Es ist grade so, als ob man eine ganze Woche auf einmal erlebt. Im Holzhäuschen lagen Blätter, mit rotsilbernem Bonbonpapier dazwischen. Jasper schaute es an, sah Eidechsenköpfe und Krokodile, die ihn böse anstarrten und auf ihn zukamen. Das Bonbonpapier veränderte sich in einen Totenkopf mit glänzenden Augen, die ihn stets wieder anblickten. Ich sah nichts Besonderes. Sein Gesichtsausdruck veränderte sich von einem Moment zum anderen. Die Zeit verlief merkwürdig. Einmal schienen Minuten eine Stunde zu dauern, ein anderes Mal versanken wir so tief in eine Halluzination, dass eine halbe Stunde nur ein Wimpernschlag schien. Zu diesem Zeitpunkt fingen wir an, uns ernsthaft über unseren Zustand zu unterhalten, und lauschten unseren Erfahrungen und Gefühlen.

Wir versuchten auszurechnen, wieviel wir eingenommen hatten, und schließlich gelang es uns. In der Gebrauchsanweisung stand: eine Dosis von 1 bis 1,5 Gramm für Anfänger und einen milden Trip und 1,5 bis 3 Gramm für einen starken Trip. Wir hatten mehr als die vorgeschriebene Dosis eingenommen. Eine fette Überdosis, die einen schweren Trip verursachte. Bei Jasper schien es ein Bad Trip zu werden, weil er nur gruselige Dinge sah. Gott sei Dank konnte er mit mir reden.

Ungefähr vier Stunden nach dem Konsum der Rauschpilze gehen die Freunde, jeder seinen eigenen Weg, nach Hause. Jasper muß seine Angst jetzt allein in den Griff bekommen:

Wie ich auf mein Fahrrad stieg, sagte ich zu mir: »Selbst wenn mein Fahrrad eine Banane wäre, ich will doch nach Hause.« Das Fahrradfahren war echt nicht leicht, weil ich stets wieder in Gedanken versank und das Lenkrad immer wieder eine andere Form annahm. Es schien, als ob es statt geradeaus nach unten ging. Meine Gedanken waren sehr deutlich. Ich sagte zu mir: »Ich schau geradeaus und pass auf die Autos auf.« Wie ich dann beim Krankenhaus vorbeiradelte, habe ich daran gedacht, reinzugehen und alles zu erzählen in der Hoffnung, dass sie ein Gegengift haben. Ich habs jedoch nicht getan. Ich wollte nicht, dass meine Eltern erfahren, dass ich Rauschpilze genommen hatte.

Einmal zu Hause angekommen, öffnete ich vorsichtig die Tür und lief in mein Zimmer. Gott sei Dank war niemand mehr wach, sonst wärs um mich geschehen gewesen. In meinem Zimmer schaute ich in den Spiegel und dachte: »Scheiße, wie siehst du denn aus!« Hervortretende Augen, abgemagertes Gesicht, schwitzend, usw. Ich versuchte, mich auszukleiden und ins Bett zu gehen, was mir schwerfiel. Es schien, als ob die Wirkung der Psilos noch stärker wurde. Plötzlich hörte ich meine Mutter im Gang: »Hats Spaß gemacht, Jasper?«, worauf ich antwortete: »Ja, es ging.« Gott sei Dank kam sie nicht in mein Zimmer rein.

Was dann im Bett passierte, war am schlimmsten. Ich wollte so schnell wie möglich wieder normal werden, was natürlich nicht so schnell ging. Angesichts der Tatsache, dass ich eine zu hohe Dosis eingenommen hatte, konnte es noch Stunden dauern. Ich lag in meinem Bett und schaute an die Decke. Alles bewegte sich, nichts stand still. Ich schwitzte immer mehr, und zugleich wurde mir eiskalt. Es schien, als ob ich vergiftet war. Ich lag auf meinem Bauch, schaute auf meine Hände, als ob ich in meinem Bett flog. Auch kam mir der Gedanke: Was passiert, wenn ich nicht mehr normal werde? Ich musste gegen meine Gedanken ankämpfen. Beim Umdrehen fühlte ich meinen Körper nicht, ich wusste bloß, dass ich mich umdrehte. Es war, als ob ich nur noch Gedanken, aber keinen Körper mehr hatte. Meine Gedanken machten mich nicht fröhlicher. Ich wollte für kein Geld dieser Erde einschlafen, ich hatte Angst, dass ich nicht mehr aufwachen, sondern in ein Koma geraten würde.

Genau wie bei Maartje aus Amsterdam kommen auch bei Jasper ein paar Wochen danach angsteinjagende Bilder zurück:

Es schien, als ob ich mich wieder in der gleichen Welt befand wie vor zwei Wochen. Ich schwitzte, hörte alle Geräusche nur aus der Ferne und wusste nicht, was ich tun sollte. Dieses Gefühl verschlimmerte sich, und ich ging nun doch zum Arzt. Der Doktor meinte, dass ich auf etwas reagiere, wußte jedoch nicht auf was. Ich hatte nichts über die Rauschpilze erzählt. Nachdem ich noch dreimal beim Arzt war, hab ich dann doch alles meinen Eltern erzählt, ich konnte es nicht länger geheimhalten. Sie nahmen es besser auf, als ich erwartet hatte.
Eine Woche danach verschlimmerte sich das Problem immer mehr: Depressionen, gruselige Alpträume, Schlafstörungen, ein Gefühl der Depersonalisation (ich sah die Welt um mich herum wie einen Film). Ich schien nur noch aus meinen Gedanken zu bestehen. Ich sah meinen Körper, aber es drang nicht zu mir durch, dass dies mein Körper war. Auch versank ich oft in Gedanken und konnte mich schlecht konzentrieren. In der Schule ging es immer schlechter, ich musste jeden zweiten Tag zu Hause bleiben, weil ich keine Kraft mehr hatte, einen klaren Kopf zu behalten. Zur gleichen Zeit hatte ich Panikanfälle, bei jedem Herzschlag glaubte ich, dass mein Herz aufgab und meine letzte Stunde geschlagen hatte. Außerdem hatte ich konstant das Gefühl, dass ich in Ohnmacht fallen würde, und dachte wiederholt an den Tod.
Ich sah aus wie ein Zombie. Die Tatsache, dass ich diese Hölle mitmachen musste und Rainier nicht, liegt allein am Hintergrund unserer Persönlichkeiten. Darum sollte man sich vorsehen, bevor man sich an ein Experiment mit Unbekanntem wagt. Das einzig Positive, was die Psilos mir gebracht haben, ist eine neue Einsicht ins Leben, leider auf unangenehme Weise![40]

Jasper mußte einen hohen Preis für seine Unerfahrenheit bezahlen. Weil er vor der Einnahme der Rauschpilze eine Mahlzeit zu sich genommen hatte, dauerte es lange, bis die Wirkung einsetzte. Sein Freund Rainier isst die Psilos auf nüchternen Magen. Als Jasper sieht, dass die Psilos bei Rainier eine Stunde nach der Einnahme wirken, will er nicht zurückbleiben und nimmt noch eine Dosis. Das hätte er lieber unterlassen sollen. Außer der hohen Dosis stimmt mit Jasper selbst etwas nicht. Wegen familiärer Spannungen steht er unter Druck. Im Smart Shop, in dem er die Psilos kauft, liest er auf der Packung, dass man bei psychischen Spannungen besser keine Psilos nehmen soll. Jasper sieht die Spannungen bei ihm zu Hause jedoch nicht als solche an.

Maartje und Jasper sind beide unerfahrene Gebraucher. Sie nehmen die Rauschpilze mit Freunden, die wenig oder keine Erfahrung mit Rauschpilzen haben. Keiner der Freunde hat Erfahrung mit Bad Trips. Man kann mit Sicherheit behaupten, dass keiner der beiden ausgeflippt wäre, wenn sie mit erfahrenen Begleitern getrippt hätten. Ein guter Begleiter weiß, dass ein Bad Trip eine Offenbarung der eigenen Angst ist. Also sind nicht die Rauschpilze die Ursache des Ausflippens, sie verdeutlichen lediglich die Angst des Konsumenten.

Sowohl bei Maartje als auch bei Jasper kehrt die Angst vor dem Bad Trip zurück. Dieses Phänomen nennt man »Flashback«. Maartje flippt in dem Moment wieder aus, in dem sie bekifft einschlafen will. Jasper ist beim Einschlafen nüchtern, als er von der Angst vor seinem Bad Trip übermannt wird. Die Grenze zwischen Wachsein und Schlafen ist ein Moment, in dem ein Flashback leicht stattfinden kann. Angst, Stress, Meditation, zuviel Alkohol oder Cannabis fördern das Auftreten von Flashbacks.[41] Ein Flashback ist die Angst vor der Angst eines Bad Trips.

DROGENPSYCHOSE UND BEHANDLUNG

Ab und zu kann es passieren, dass jemand für längere Zeit ausflippt, dann spricht man von einer Drogenpsychose. Menschen, denen dies geschieht, werden in die Psychiatrie eingewiesen. Mit Hilfe von Medikamenten und psychiatrischen Methoden werden sie dann behandelt. Leider kommt es manchmal vor, dass die Behandlung eines ausgeflippten Rauschpilzbenutzers schlimmer ist als das Ausflippen selbst. Medikamente gegen eine Psychose oder Depression können Nebenerscheinungen haben, die wesentlich unangenehmer sind als die kurze Hölle einer Drogenpsychose.

Laut dem tschechisch-amerikanischen Psychiater und Psychotherapeuten Stanislav Grof ist die Aufnahme in ein Krankenhaus bzw. in eine psychiatrische Klinik eines der unangenehmsten Dinge, die einem Ausgeflippten passieren können. Mehr als fünfundzwanzig Jahre hat der Pionier der psychedelischen Therapie sich mit veränderten Bewußtseinszuständen beschäftigt und über viertausend LSD-Sitzungen begleitet.

Stanislav Grof betrachtet Ausflippen als ungefährlich und meint, es sollte nicht vermieden werden. Er begründet: Wird ein Bad Trip nicht durch verkehrte Anwendung unter verkehrten Umständen ausgelöst, dann kommt er aus der Person selbst. In diesem Fall kommen die Alpträume aus dem Unterbewusstsein des Ausflippenden. Die Ursache dieses Ausflippens nennt Grof »krankheitsverursachendes Material«.

Die Offenbarung dieses krankheitsverursachenden Materials ist in den Augen Stanislav Grofs besonders wertvoll, weil man damit arbeiten kann. Es ist eine einzigartige Möglichkeit, um ein für allemal mit der Ursache krankheitsverursachenden

Elends abzurechnen. In seiner Standardarbeit *LSD Psychotherapy* schreibt er, dass es für jeden, der eine Drogenpsychose behandeln will, Voraussetzung ist, die Dynamik eines psychedelischen Erlebnisses aus eigener Erfahrung zu kennen. Ohne diese ist die gebräuchlichste Standardreaktion ein Unterdrücken des Ausflippens mit Medikamenten. Und das ist das Schlimmste, was man tun kann, meint Grof, weil das Krankheitsverursachende auf diese Art und Weise wieder in das Unterbewusste zurückgestopft wird. Der richtige Beschluß laut Grofs Meinung ist Anpacken der Ursache, und nicht Verdrängen.[42]

Auch der niederländische Autor Hans Plomp ist davon überzeugt, dass Ausflippen einen wichtigen Stellenwert hat. Ausflippen zeigt deutliche Übereinstimmungen mit Einweihungsritualen, die bei vielen Völkern gebräuchlich sind. Das Problem unserer Kultur ist, dass wir nicht damit umgehen können, meint Plomp. »Niemand kann sich selbst entdecken, ohne mit der eigenen ‚Schattenseite' in Kontakt zu kommen. Bewusstseinserweiterung geht in alle Richtungen, sowohl positiv als auch negativ. Es ist die Kunst, zwischen Extremen zu balancieren. Die Fähigkeit, das Gleichgewicht zu halten, wurde von unserer Kultur vernichtet und lächerlich gemacht. Die Folge davon ist, dass viele, die sich einer Bewusstseinsveränderung unterziehen, in einer Identitätskrise landen.«[43]

Die Kritik Stanislav Grofs an den üblichen Behandlungsmethoden Ausgeflippter bezieht sich auf die Situation in den Vereinigten Staaten. Doch kann auch ein Ausgeflippter in den Niederlanden nach einer Aufnahme in eine Klinik aufgrund einer Drogenpsychose vom Regen in die Traufe kommen. Über einen dramatischen Fall eines Ausgeflippten, der Opfer einer falschen Behandlung wurde, wird im »Connection Magazine« berichtet. Ein junger Mann und seine Freunde experimentieren mit Cannabis und Psilos, hier geht es um langen und starken Konsum. Genannte Person hat das Gefühl, »erleuchtet« zu sein, und hängt dies an die große Glocke. Seine direkte Umgebung ist besorgt und läßt ihn zwangsmäßig aufnehmen. In der Klinik angekommen, realisiert er, dass er alleine besser auf die Erde zurückkehren kann, nun ist es jedoch zu spät. Der behandelnde Psychiater beurteilt ihn als psychotisch und verschreibt die üblichen Medikamente. Die Nebenwirkung der Medikamente ist so stark, dass der junge Mann abstumpft und sich in kürzester Zeit zum Zombie entwickelt. Der Psychiater schließt daraus, dass der Patient schizophren sei. Trotz der starken Medikamente merkt der Patient, dass hier etwas nicht stimmt, und wehrt sich dagegen. Dies wird als Aggression aufgefasst, und der Pechvogel wird in der Isolierzelle untergebracht. Gott sei Dank fällt einem Familienmitglied die unsinnige Behandlung auf, und es kommt zu einer Zweituntersuchung bei einem renommierten Spezialisten auf dem Gebiet von Drogen und Psychiatrie. Der zweite Psychiater kommt zu einer total anderen Diagnose. »Abbau und sofortiger Stop der Medikamente«, lautet sein Urteil, und: »Du bist schon lange wieder aus der Drogenpsychose, der Rest der Symptome wird durch die Einnahme dieser Medikamente verursacht.« Der Psychiater, der die schweren Medikamente verschrieb, stellte eine völlig falsche Diagnose. Eine Drogenpsychose ist kurz und heftig und verlangt eine andere Behandlung als das Einnehmen schwerer Medikamente.[44]

Viele Psychiater, Ärzte und Therapeuten in den Niederlanden haben sich auf die Behandlung von Drogenpsychosen spezialisiert. Zahlen über die Häufigkeit von Drogenpsychosen sind nicht bekannt, liegen aber vermutlich sehr niedrig. Um nur ein Beispiel zu nennen: 1996 riefen in Amsterdam fünf Personen den Notarzt an, weil der Rauschpilztrip zu beängstigend war. In vier Fällen war der Notarzt beim Eintreffen bereits überflüssig. Einer der fünf wurde im Krankenhaus aufgenommen. Nach einigen Stunden konnte diese Person entlassen werden. Laut einer Mitarbeiterin der telefonischen Drogeninformation gibt es wenig Fragen über Psilos. Bisher ist keine echte Psychose, die über die Wirkungsdauer der Psilos hinausging oder sich dann entwickelte, je bekannt geworden.

DAS BETÄUBUNGSMITTELGESETZ

Seit dem Aufkommen der Smart Shops stehen Psilos im Mittelpunkt des Interesses. Der legale Status des Rauschpilzes ist – gelinde gesagt – unklar. Die wirksamen Substanzen Psilocybin und Psilocin stehen meiner Meinung nach zu Unrecht als harte Drogen im Betäubungsmittelgesetz, die Rauschpilze selbst werden jedoch nicht genannt. Das Kollegium von General-Rechtsanwälten hat im Frühjahr 1997 angekündigt, auch Psilos als harte Drogen in Betracht zu ziehen. Die Möglichkeit, dass das BtMG angepasst und die Rauschpilze verboten werden, besteht also. Schlägt die niederländische Mehrheit diesen traurigen Pfad ein, dann bedeutet das das Ende der meisten Smart Shops, was vermutlich der Hauptgrund eines drohenden Verbots der Rauschpilze ist.
Für die Konsumenten psychedelischer Pilze ist diese unsichere Situation äußerst gefährlich. Vom einen auf den anderen Tag kann der Besitz von Rauschpilzen plötzlich illegal sein, ohne dass jemand darüber informiert wurde. Ein Gesetz tritt nämlich ab dem Moment in Kraft, sobald es im »Staatscourant« veröffentlicht wurde. Dass lang nicht jeder den »Staatscourant« liest, ist schwer untertrieben. Als 1988 MDMA (Ecstasy) verboten wurde, dauerte es auch eine Zeitlang, bis sich diese Neuigkeit verbreitet hat.
Beim Druck dieses Buches ist unklar, wie die legale Zukunft der Rauschpilze aussieht. Leider mußte man im allgemeinen feststellen, dass das »lilafarbene Kabinett« unter der Leitung von Wim Kok betreffend Drogen einen äußerst konservativen Kurs einschlägt. Trotz der enormen Fortschritte, die die Drogenpolitik in den letzten zwanzig Jahren in den Niederlanden gemacht hat, neigten Kok & Kameraden ihre Köpfe vor konservativen europäischen Führern wie Chirac und Kohl. Die holländische Drogenpolitik unterschied sich bis vor kurzem vom Rest Europas dadurch, dass sie den Konsumenten ungeschoren davonkommen ließ. Lediglich Händler und Produzenten wurden festgenommen. Nach Anlauf zum niederländischen Vorsitz der Europäischen Union gibt es diesen Unterschied nicht mehr. Seit im Jahr 1996 eine Razzia in der Discothek Mazzo stattfand, werden auch

Konsumenten von der Justiz verfolgt. Psilokonsumierenden wird darum dringend geraten, mit ihrem Konsum nicht bei anderen anzugeben. Von heute auf morgen kann sich unvorsichtiges Plaudern gegen sie wenden. Das Strafmaß für den Besitz von Drogen ist während der lilafarbenen Kabinettsperiode beträchtlich erhöht worden – ein Grund mehr, über den Konsum von Psilos zu schweigen.

VERMEIDEN VON RISIKEN

Konsumierst du zum ersten Mal Rauschpilze, dann tu dies mit einem erfahrenen Gebraucher. Es muß jemand sein, dem du vertraust und bei dem du dich sicher fühlst. Ein »Reiseführer« sorgt für eine gute Atmosphäre in einer sicheren Umgebung.

Solltest du Psilos zum ersten Mal und ohne erfahrenen Begleiter nehmen, dann sorge selbst für optimale Umstände. Tu es nur, wenn du dich gut fühlst, und dann nur mit Menschen, denen du vertraust und die du gern hast, in einer sicheren Umgebung, am besten in der Natur, und nicht auf einer Party oder auf der Straße.

Rauche kein Gras oder Haschisch, wenn du zum ersten Mal trippst. Kiff erst dann, wenn du merkst, dass die Wirkung der Rauschpilze nachlässt.

Der Rausch kann sich in alle Richtungen bewegen. Sei dir darüber im klaren, dass auch deine Schattenseiten an die Oberfläche kommen können.

Wehre dich nicht gegen die Wirkung der Psilos. Denk nicht: Ich will, dass es aufhört. Laß dich gehen, laß dich treiben. Vertrau den Rauschpilzen. *Go with the flow.*

Der Rausch dauert durchschnittlich vier bis sechs Stunden.

Nimm unter dem Einfluss psychedelischer Mittel nicht am Verkehr teil.

Albert Hofmann (links) mit Gordon Wasson in den späten 70er Jahren.
(Foto: Masha Wasson Britten)

9 AUF WASSONS SPUREN: ETHNOMYKOLOGIE

Mit ihrer lebenslangen Faszination für Zauberpilze haben Valentina und Gordon Wasson die Basis für den Zweig der Wissenschaft gelegt, der *Ethnomykologie* genannt wird. Ethnomykologie ist das Wissen um die Rolle, die die Rauschpilze in der Erlebniswelt der Völker spielen oder gespielt haben. Valentina und Gordon Wasson waren davon überzeugt, dass Zauberpilze beim Entstehen der Religionen eine wichtige Rolle gespielt haben.

ROT MIT WEISSEN PUNKTEN

Nach der »Entdeckung« des mazatekischen Zauberpilzkults ist Gordon Wasson – auch nach dem Tod seiner Frau Valentina an Krebs – weiterhin auf der Suche nach Kulturen, in denen Zauberpilze verehrt werden. Zu Beginn der sechziger Jahre entdeckt er mit dem französischen Mykologen Heim in Neu-Guinea Pilze mit psychedelischen Eigenschaften. Die Nachforschungen erweisen sich als sehr schwierig. Das Wissen wird geheimgehalten und nur an Eingeweihte weitergegeben. Verschiedene Pflanzen und vielleicht auch Psilos werden bei verschiedenen Initiations-Stadien angewandt. Die psychedelischen Pilze werden nur bei der Einweihung ins höchste Niveau benutzt, wie angenommen wird.[45]
Bereits Anfang der fünfziger Jahre konzentrierte sich Wasson auf die Verwendung des Fliegenpilzes (*Amanita muscaria*). Durch sein prächtiges Äußeres und seine Rolle in Märchen und Mythen spricht dieser Pilz Bände.
Sibirische Schamanen benutzten den Fliegenpilz, um sich in Trance zu begeben. Man wählte hier eine spezielle Art des Konsumierens. Der Schamane aß die Pilze, wonach die Stammesmitglieder seinen Urin tranken. Die wirksamen Stoffe des Fliegenpilzes werden nämlich nicht sofort im menschlichen Körper abgebaut. Der Urin des Schamanen enthielt also noch genügend Restbestände, um mehrere Menschen in einen Rauschzustand zu versetzen. Diese merkwürdige Gewohnheit wurde im achtzehnten Jahrhundert entdeckt.
Für Wasson war dies ein Hinweis auf die wichtige Rolle, die der Fliegenpilz in der Hindu-Religion gespielt haben soll. Im ältesten Buch dieser Religion, der Rig Veda, wurden dem Göttertrank »Soma« hundertzwanzig Gedichte gewidmet. Die

Verehrung der heiligen Kuh und der Konsum von Soma stehen im Mittelpunkt der antiken Hindu-Religion. Bis heute wird Soma in Indien verehrt. Bei den Brahmanen, der höchsten Kaste der Hindus, gibt es eine Zeremonie, bei der Soma eingenommen wird. Weil die Kenntnis um das ursprüngliche Soma verloren ging, benutzt man einen Ersatz.
Nachdem die Beschreibungen des Soma in der Rig Veda ziemlich kryptisch sind, können sie auf verschiedene Art und Weise gedeutet werden. Wissenschaftler verschiedenster Disziplinen haben versucht, Soma zu identifizieren. Es könnte sich dabei um Alkohol, Haschisch, Steppenraute (*Peganum harmala*) oder sogar um aufputschendes Ma Huang (*Ephedra*) handeln. Gordon Wasson fügte noch den Fliegenpilz hinzu. 1968 veröffentlichte er das Buch *Soma, Divine Mushroom of Immortality* (Soma, göttlicher Pilz der Unsterblichkeit). Darin versucht er zu beweisen, dass der Fliegenpilz der wahrscheinlichste Kandidat ist. Er basiert seine Theorie u.a. auf die Hinweise auf das Trinken von Urin in der Rig Veda.
Doch bleibt der Ursprung des Soma unbekannt. Der Fliegenpilz verursacht einen Rausch, den viele als uninteressant betrachten. Welche Erfahrungen die sibirischen Schamanen damit hatten, ist nicht bekannt. Die merkwürdigen Beschreibungen sind von ganz anderer Art als diejenigen moderner Experimente. Eventuell ist der Fliegenpilz in Sibirien stärker als in Europa und Nordamerika.
Auch in der klassischen griechischen Kultur könnten Rauschpilze eine religiöse Funktion gehabt haben. Ein Relief, auf dem die Göttin Demeter ihrer Tochter Persephone Pilze anbietet, scheint diese Theorie zu bestärken.
Fast zweitausend Jahre lang bestand das Mysterium von Eleusis. Das geheimnisvolle Ritual verschwand mit dem Auftauchen des Christentums. Die jährliche Pilgerfahrt zum Heiligtum, das fünfundzwanzig Kilometer von Athen entfernt liegt, wurde von allen großen griechischen Denkern und Schreibern, unter ihnen Aristoteles, Plato, Homer und Sophokles, absolviert. Der Tempel, in dem sich das Mysterium abspielte, wurde von der griechischen Göttin der fruchtbaren Erde, Demeter, selbst errichtet. Eine Nacht lang nahmen die Pilger an einem Ritual teil, das ihr Leben einschneidend veränderte. Über das Geschehen im Tempel war es bei Todesstrafe verboten zu sprechen.
1978 veröffentlichte R. Gordon Wasson mit Albert Hofmann, dem Erfinder des LSD, und dem Altphilologen Carl Ruck ein Buch mit dem Titel *The Road to Eleusis* (Der Pfad nach Eleusis. Entschleierung des Geheimnisses der Mysterien). Die Autoren versuchten anhand der klassischen Beschreibungen zu beweisen, dass ein psychedelisches Getränk im Mittelpunkt des geheimnisvollen Rituals stand. Der Trunk wurde angeblich aus einem auf Getreide gedeihenden Pilz zubereitet. Diese Art ist unter der wissenschaftlichen Bezeichnung *Claviceps purpurea* bekannt und heißt zu Deutsch Mutterkorn. Mutterkorn ist der Grundstoff zur Bereitung von LSD. Für Eleusis kommt eher die verwandte Art *Claviceps paspali* in Frage.
Das Lebenswerk der Wassons wurde von einer neuen Generation von Ethnomykologen fortgesetzt. Andrew Weil, Jonathan Ott, Paul Stamets, Christian Rätsch, Jochen Gartz, Giorgio Samorini und Terence McKenna zählen zu den Nachfolgern.

Der spektakulärste Ethnomykologe aus dieser Reihe ist der amerikanische Autor Terence McKenna. McKenna hat die Basis für den Erfolg von Haus-, Garten- und Küchenzucht der mexikanischen Rauschpilze gelegt. In den siebziger Jahren veröffentlichte er mit seiner Frau Kathleen Harrison, seinem Bruder Dennis und dem Fotografen Jeremy Bigwood das erste einfache Handbuch zum Anlegen einer Pilzkultur, *Psilocybin. Magic Mushrooms Grower's Guide* (Psilocybin – ein Handbuch für die Pilzzucht). Wahrscheinlich hätten ohne ihn zehntausende Europäer niemals psychedelische Pilze eingenommen. Terence McKenna ist aber für viel mehr verantwortlich als nur das Vereinfachen der Pilzzucht zu Hause. Während sich Wasson am traditionellen Gebrauch des Fliegenpilzes festbiss, widmete sich McKenna der *Psilocybe cubensis.*

DIE ZAUBERPILZE SPRECHEN

Laut McKenna sind Menschen und magische Pilze untrennbar miteinander verbunden. In seinem Buch *Food of the Gods* (Speise der Götter) sagt er, dass die nach evolutionären Begriffen rasend schnelle Entwicklung des Gehirns der modernen Menschen durch den Verzehr der psychedelischen Pilze verursacht wurde. Er betrachtet die Rauschpilze als das einzig echte *Missing Link,* das den frühen Menschen Sprechen und Denken beigebracht hat. McKenna stellt sich eine Entwicklung in drei Stufen vor:

Stufe 1:
Die menschenartigen Affen, die vor circa drei Millionen Jahren das Leben in den Bäumen in eine Existenz auf dem Erdboden umtauschen, treffen in ihrem neuen Lebensgebiet nicht nur Pflanzen, Tiere und Insekten, sondern auch Rauschpilze an. Warum sollten diese Omnivoren (Allesfresser), sich in einer neuen Situation befindend und ihre Diät entsprechend anpassend, nicht auch Rauschpilze konsumieren? Und warum sollten sie diese Pilze, die bei einer geringen Dosierung eine Schärfung der Sinnesorgane verursachen, nicht wiederholt essen? Ein Schimpanse, dessen Gehirninhalt nur wenig kleiner ist als der unserer Ahnen, verzehrt Blätter, die keinen Nährwert haben, jedoch Bakterien töten. Warum sollten also unsere evolutionären Vorfahren Ähnliches im bezug auf psychedelische Pilze nicht auch getan haben? Leichte Dosierungen von Psilocybin verursachen eine deutliche Verbesserung des Blickfeldes. Laut McKenna ist es nur logisch, anzunehmen, dass der Vorteil einer »chemischen Brille« einen evolutionären Erfolg bei den früheren Pilzeßern hervorgerufen und außerdem ihre Chancen auf Beute vergrößert haben kann.

Stufe 2:
Hier geht Mc Kenna davon aus, dass außer der »chemischen Brille« bei niedrigen Dosierungen ein anderer Effekt auftritt, nämlich eine Stimulation, die Unruhe und sexuelle Erregung verursacht. Auch dies ist eine wichtige Facette des evolutionären Erfolgs.

Stufe 3:
Der Effekt einer hohen Dosierung bildet laut McKenna den Beginn religiöser Erfahrung und deren Manifestierung. Damit soll der Rauschpilz an der Wiege gestanden haben, die den Unterschied zum Affen ausmacht: Der Mensch denkt und spricht.
Es gibt keinen Beweis für diese Theorie, und McKenna ist sich dessen bewusst. Zu seiner Verteidigung führt er an, dass Menschen ohne Beweislast die absurde Idee des Urknalls zur Entstehung des Weltalls anführen. Warum sollte dann die soeben beschriebene prähistorische Entwicklung als Unsinn abgehandelt werden?[46]
Die frühesten Nachweise mystischer und religiöser Zauberpilzkulte sind nach Schätzungen zwischen sieben- und neuntausend Jahre alt.[47] Die ersten Höhlenmalereien in der Sahara, die Zauberpilze darstellen, stammen aus dieser Zeit. Jäger und Sammler fertigten Höhlenmalereien an, die als »rundköpfiger Stil« bezeichnet wurden (um sie so von den verschiedenen Zeichnungen und Malereien unterscheiden zu können, die aus einer insgesamt zwölftausend Jahre langen Periode stammen). Der »rundköpfige Stil« wurde an verschiedenen Stellen der Sahara entdeckt, in Libyen, Ägypten und Tschad, vor allem jedoch im Tassili n'Ajjer-Gebirge im Süden Algeriens. Hier findet man faszinierende Zeichnungen und Malereien, auf denen Zauberpilze abgebildet sind. Rennende Wesen mit Pilzen in ihren Händen sprechen Bände.

Rennender Zauberpilzschamane,
Linienzeichnung von Christian Rätsch,
anhand des Vorbilds der ursprünglichen,
neuntausend Jahre alten Höhlenmalerei gefertigt.

Auffallend sind die Linien, die von den Pilzen zu dem Kopf des Rennenden führen, als ob zwischen Pilz und rennender Figur ein Austausch stattfindet. Der italienische Archäologe und Pilzkundige Giorgio Samorini, der bereits zweimal im Tassili n'Ajjer-Gebirge in der algerischen Sahara war, berichtet: »Diese Linien, die ein eigenständiges Ideogramm von etwas darstellen, was in alter Kunst nicht materiell ist, scheinen den Effekt anzudeuten, den der Pilz auf den menschlichen Geist ausübt.«
Ein anderes eindrückliches Beispiel rituellen Gebrauchs psychedelischer Pilze ist eine maskierte Gestalt, deren Körper mit Pilzen übersät ist. Handelt es sich hier um eine Pilzgöttin, eine Medizinfrau oder eine Zauberin?[48]

Mit Pilzen übersäte Bienengöttin

Die großen Veränderungen im Klima der Sahara erschweren es, festzustellen, welche Pilze von den Rundköpfigen konsumiert wurden. Zu deren Zeit war das Klima beträchtlich feuchter als jetzt, Flüsse strömten durch die gut bewachsene Landschaft, kurz gesagt, es war eine ausgesprochen ideale Umgebung, in der Pilze gedeihen konnten. Man kann nicht mit Sicherheit sagen, ob die Pilze und die Rundköpfe wegen des immer trockener werdenden Klimas in der Sahara ausgestorben sind. Der Norden und Nordwesten der Sahara wird vom Atlasgebirge begrenzt, das sich von Marokko über Algerien bis nach Tunesien erstreckt. In Algerien wie auch in Marokko wurden Pilze gefunden, die eine genügende Menge Psilocybin enthalten.
Auf den Spuren der Rolle, die psychedelische Pilze in prähistorischen Religionen gespielt haben, stößt man noch immer auf neue Funde. Giorgio Samorini hat vor

kurzem auf einem Stein in Stonehenge im Süden Englands Darstellungen von Pilzen gefunden.

Theorien, Entdeckungen und Beweise einer neuen Generation von Ethnomykologen schließen an verschiedene Apekte des New-Age-Gedankenguts an, besonders das Interesse an nicht-christlichen Glaubenssystemen und das Abstand-Nehmen vom rachelustigen männlichen Gott, der in den letzten achttausend Jahren das Zepter geschwungen hat. Dabei bringen sie eine Rückorientierung zur Muttergöttin der prähistorischen Bevölkerung und ein großes Interesse an indianischer Lebensphilosophie mit sich.

Psilocybin-Pilzkultur ganzjährig zu Hause

F. Spitzkegulus & B. Paramycelius

Vorbemerkung zur Pilzkultivierung

Seit über 20 Jahren werden verschiedene Verfahren für die Pilzkultur der mexikanischen Zauberpilze und zunehmend auch anderer Arten, einschließlich einheimischer Pilze, bekanntgemacht. Klassiker wie das Buch von O. T. Oss und O. N. Oeric (Pseudonyme für die McKenna-Brüder) erreichten einschließlich der Raubdrucke in vielen Sprachen Auflagen von mehreren hunderttausend Exemplaren. Das mindestens gleichwertige und in mancher Hinsicht interessantere Buch von Stephen Pollock erschien zur gleichen Zeit, ist aber durch den frühen Tod des Autors im Jahr 1982 heute kaum noch zugänglich.

Dadurch ist seit Ende der 70er Jahre der kubanische Kahlkopf, *Psilocybe cubensis*, die am häufigsten kultivierte psychedelische Pilzart. Sie wird auf Getreidesamen wie Roggen, oder auch modifiziert auf Reis kultiviert und in Komposterde zur Fruktifikation geführt. Aber bereits Anfang der 60er Jahre wurde aus den USA berichtet, dass dieser Pilz auf Roggenkörnern wächst und dann auch Fruchtkörper ausbilden kann. Auch beschrieb der berühmte französische Pilzforscher Roger Heim schon 1956 die Kultivierung und Fruktifikation mehrerer mexikanischer Pilzarten, einschließlich *Psilocybe cubensis*, auf verschiedenen Kompostarten.

Dann wurden in den 70er Jahren die Kulturbedingungen weiter verbessert und später auch weitere Arten in die Untersuchungen miteinbezogen. So ist heute der blauverfärbende Düngerling, *Panaeolus cyanescens*, neben *Psilocybe cubensis* in einigen europäischen Ländern in Smartshops oder auf dem illegalen Drogenmarkt erhältlich. Der Pilz zeichnet sich durch eine schnelle Kultivierbarkeit auf Kompost aus, ist jedoch nach dem Fruchten etwas vergänglicher und empfindlicher als der robuste *Psilocybe cubensis*. Ebenfalls taucht der *Psilocybe tampanensis* in Form von Sklerotien (Magic Stones) im Handel auf, die in völliger Dunkelheit in einem Grassamen-Reis-Gemisch nach ca. 4 bis 6 Wochen bei Raumtemperatur entstehen. Sehr selten wird der Gezonter Düngerling *Panaeolus subbalteatus* angeboten. Dieser Pilz kann wie *Psilocybe cubensis* kultiviert werden, zeigt aber einen geringeren Psilocybingehalt.

Schon während der klassischen Untersuchungen der 50er Jahre erwies sich, dass einige stark psilocybinhaltige Pilzarten aus Mexiko eine lange Kultivierungszeit benötigen oder generell schlecht kultivierbar sind. Bei *Psilocybe mexicana* fruchteten einige Stämme relativ gut, aber erst nach einer längeren Kultivierungsphase,

Psilocybe caerulescens zeigte nur spärliche Pilzbildung, und bei *Psilocybe zapotecorum* wurde keine Pilzbildung festgestellt. Inzwischen haben auch viele Züchter erfahren, dass die Kultivierung des einheimischen Spitzkegeligen Kahlkopfes, *Psilocybe semilanceata*, gar nicht oder nur sehr spät mit wenigen Pilzkörpern z.B. auf Stroh gelingt. Als Hauptproblem muss das sehr langsame Wachstum des sehr feinen Myzeliums während der Vorkultur betrachtet werden. Freilandversuche gelingen kaum, wenn, dann nur in gut vorbereitetem Gelände.

Man kann davon ausgehen, dass reine Dungbewohner aus subtropischen und tropischen Ländern wie *Psilocybe cubensis*, *Panaeolus cyanescens*, *Panaeolus tropicalis* eher zur Pilzbildung neigen als Arten, die gedüngten Boden bewohnen. Aus dem natürlichen Zyklus heraus ist anfallender Dung instabil und wird von verschiedensten Organismen schnell besiedelt und verarbeitet, sowohl von Pilzen als auch von Bakterien und Insekten. Dadurch können sich anfänglich nur Pilze durchsetzen, die ein sehr schnelles Myzelwachstum und ausgeprägte Pilzbildung schon nach 2 bis 4 Wochen zeigen. Gedüngter Boden auf Weiden und Rasen als viel beständigere Nährstoffquelle wirkt dagegen als Refugium für Arten, die erst nach mehreren Wochen oder Monaten Pilze ausbilden können, so wie *Psilocybe semilanceata* und *Psilocybe mexicana.*

Seit über 10 Jahren untersuchen Hunderte Mykophile in den USA und Europa die Kultivierungsmethoden der dritten Gruppe psilocybinhaltiger Pilze. Diese Arten besiedeln Holzreste, und ihre Fruchtkörper erscheinen in der Natur erst im Spätherbst. Sie gelten als die potentesten psilocybinhaltigen Pilzarten. Dazu gehören die stark blauverfärbenden Kahlköpfe *Psilocybe cyanescens*, *P. azurenscens* und *P. bohemica.* Ihr Pilzwachstum wird durch die natürliche Absenkung der Temperatur auf 5 bis 14 Grad angeregt. Es dauert dann oft bis zu einer Woche, bis die Pilze unter diesen Bedingungen voll entwickelt sind. Im Gegensatz dazu wachsen die Myzelien der Holzpilze sehr aggressiv, und auf künstlichem Nährböden wie Agar oder Getreide/Wasser-Mischung haben manche Stämme eine ähnliche Wachstumsgeschwindigkeit wie *Psilocybe cubensis* bei Raumtemperatur.

Als Kultur im Freien sind *Psilocybe cyanescens* sowie der sehr ähnliche und wirkstoffreichere *Psilocybe azurescens* neuerdings mit Recht sehr beliebt. Beide bilden schon auf natürlichen Standorten meist mehrere hundert Pilze aus. Sie bevorzugen gehäkseltes Holz und Rindenmulch. Meist beschränkt sich aber durch die instabile herbstliche Wetterlage die Ernteperiode auf wenige Wochen. Längere stärkere Fröste, oft Ende Oktober, oder Trockenheit beenden die Saison vorzeitig oder lassen sie während mancher Jahre völlig ausfallen. Allerdings kann nach einer winterlichen Vorkultur in Räumen bei Temperaturen um die 20 Grad im Frühjahr beim Ausbringen im Bereich bis 15 Grad dann eine Pilzbildung ebenfalls erreicht werden. In kühlen Kellerräumen kann man sogar während des Sommers in Kulturkisten Pilzbildung erzeugen. *Psilocybe bohemica* eignet sich für kühlere Standorte, da sich eine Pilzbildung erst nach kurzen Nachtfrösten zeigt. Diese Art ist aber etwas empfindlicher gegen Trockenheit und bevorzugt an ihren natürlichen Standorten Schattenböschungen an Bachläufen.

Durch die seit etwa 10 Jahren aus den USA übernommene Praxis, von natürlichen oder angelegten Standorten der *Psilocybe cyanescens* und *Psilocybe azurescens* einfach dicke, mit bei Druck blauverfärbendem Myzel durchzogene Holzstückchen als Impfmaterial für neue Lokalitäten zu benutzen, beobachtet man zur Zeit eine stürmische Ausbreitung dieser Arten. Jedes Jahr stecken so Hunderte von Mykophilen Myzel auf Holz in frisch angelegte Mulchbeete, die sich in Parks, Zoos, botanischen Gärten oder neu angelegten Siedlungen befinden. Als sehr sichere Standorte haben sich Rhododendron- und Moorbeetanlagen bewährt. Liegen diese Mulchbeete im Sommer weitgehend im Schatten, dann wachsen die Pilze im Herbst mit nahezu 100%-iger Sicherheit in den nächsten Jahren wieder. Jeder Pilz bringt Millionen von Sporen hervor, die andere Lokalitäten auch in weiten Entfernungen durch Windverwehung spontan besiedeln können.
Meist bringen diese Beete bei günstigem Wetter 2 bis 4 Jahre lang Ernten mit massiver Pilzbildung, dann ist ein zersetzter Kompost entstanden, der schließlich von anderen, nicht blauverfärbenden Arten besiedelt wird. Werden jedes Jahr frische Holzreste hinzugefügt, dann können die Pilze theoretisch unbegrenzt lange diese Lokalität besiedeln. Sie erweisen sich so als echte Kulturfolger, genau wie die Dungbewohner, die erst durch die Massentierhaltung eine weite Verbreitung gefunden haben. Es ist sowohl für den Anfänger als auch für den erfahrenen Pilzzüchter immer wieder faszinierend, wenn sich scheinbar urplötzlich Pilze aus dem dazugehörigen Myzel entwickeln. Doch erfordert die Pilzkultur die ständige Anwesenheit und Überwachung des erfahrenen Mykophilen, da zusätzlich auch noch Kontaminationen gesucht und z.B. die ständige Befeuchtung von Deckschichten garantiert werden muss. Nach dem Erscheinen der Pilze muss genau und schnell der richtige Erntezeitpunkt eingehalten werden. Auch in Anbetracht des saisonalen Erscheinens der holzbewohnenden Arten und zum Schutz der Wildvorkommen aller Pilzarten wird daher hier im Detail ein ganzjähriges Verfahren zur Kultivierung von Pilzmyzelien vorgestellt, das bei allen Arten funktioniert und außerdem keine ständige Anwesenheit erfordert.

Geschichte der Oberflächenkultur

Die hier beschriebene Arbeitsweise stellt eine Wiederentdeckung und Weiterentwicklung der frühen Untersuchungen über Zauberpilze bei Sandoz in Basel dar. Während Roger Heim in Paris ausgedehnte Zuchtversuche zur Gewinnung grosser Pilzmengen, hauptsächlich auf Kompost, durchführte, konzentrierte sich die Arbeit in Basel auf die reine Myzelkultur ohne Pilzbildung. Eine solche Kultivierung auf flüssigen Nährlösungen, die ohne Schütteln auskommt, besteht im einfachen Wachstum der Myzelien auf einer möglichst großen Oberfläche. Daher wird so eine Arbeitsweise auch Oberflächenkultur genannt. Das war aber nicht neu. Schon Penicillin wurde in den 40er Jahren auf diese Art hergestellt, indem

der entsprechende Penicillum-Schimmel die Nährlösung beim Brüten überzog und zum Schluss eine feste Myzelmatte neben der Lösung geerntet wurde. Später ersetzten dann bewegte Kulturen (Fermente) diese Oberflächenkultur, da sie schneller abliefen und das Antibiotikum sich in der ehemaligen Nährlösung des niederen Pilzes anreicherte. Aber bis in unsere Zeit wurde z.B. Zitronensäure mit Oberflächenkultur hergestellt, da diese Arbeitsweise bedeutend einfacher ist als bei bewegten Kulturen mit notwendiger wohldosierter Sauerstoffzufuhr.
Die entsprechenden Kulturgefäße mit großer Oberfläche werden auch heute noch Penicillinkolben genannt, entsprechend runde mit großer Oberfläche heißen Fernbachkolben.
Die Oberflächenkultur entspricht exakt dem Myzelwachstum der Pilze am natürlichen Standort. Unter ständiger Aufnahme von Nährstoffen vergrößert sich die Myzelmasse ständig, bis der Wachstumsstop schließlich eintritt, wenn alles aufgenommen worden ist. Da im Atmungsvorgang einige Nährstoffe zu gasförmigem Kohlendioxid umgewandelt werden, ist die erreichte Myzeltrockenmasse immer niedriger als die Menge der eingesetzten Nährstoffe.
Eine simple wie bahnbrechende Neuerung ermöglichte dann bei Sandoz die Oberflächenkultur der mexikanischen Arten im großen Maß, wobei Albert Hofmann schließlich mehrere Gramm Psilocybin aus den so gewonnenen Myzelien isolieren konnte.
Schon vorher beseitigten Selbstversuche mit den teilweise dabei gebildeten Dauerformen (Sklerotien) des Myzels jeden Zweifel an der psychoaktiven Wirksamkeit. Die Neuerung bestand im Zusatz geringer Mengen Agar zu den Nährlösungen, die dadurch noch flüssig, aber etwas viskoser waren. Beim Beimpfen der Lösungen sinken die Myzelstücke nicht ab. Treiben sie erneut Myzelien aus, dann können sie sich leicht auf der Oberfläche ausbreiten.
Bei Sandoz erwies sich 0,2% Agar (2g/Liter) als optimaler Wert. Die Pilzkultivierung als Oberflächenkultur entspricht also im wesentlichen der »normalen« Agarkultur mit 2% Agar, außer dass bei der letzteren der Agar bei der Dampfsterilisation vollständig erstarrt.
Jeder Züchter von *Psilocybe cubensis* weiß, dass die Blauverfärbung bei Blätterpilzen auf Psilocybin und Psilocin hinweist, und kennt das Verhalten des Myzels auf festem Agar, das sich bei Druck ebenfalls blau verfärbt und daher auch Wirkstoffe enthält. Allerdings bewirken die wenigen Nährstoffe der entsprechenden Petrischalen, dass nur ganz wenig Myzelmasse auf festem Agar entsteht. Die Oberflächenkultur beschäftigt sich also mit der sterilen Anzucht großer Mengen Myzels psychoaktiver Arten ohne eine notwendige Pilzbildung. Bald wurde bei Sandoz klar, dass diese neue Pilzkultivierungsmethode auch bei den Pilzen anwendbar ist, die nur sehr spät oder kaum Pilze bei Züchtungsversuchen bilden. Es gilt hier der Satz: Myzel wächst in Reinkultur immer, Pilze bilden sich nur unter bestimmten Bedingungen, die oft noch nicht bekannt sind. Auch hat die Natur Zeit, der Mensch nicht.

Es wurde jedenfalls bekannt, dass z.B. *Psilocybe zapotecorum* oder *Psilocybe caerulescens* nach mehreren Wochen überwachsen oder Nährlösungen genauso Psilocybin im Myzel bildeten wie die leicht Pilze bildenden *Psilocybe mexicana* und *Psilocybe cubensis*. Somit war die Tür aufgestoßen, um verschiedenste blauverfärbende und psychoaktive Pilzarten als Myzel zu kultivieren und die Wirkstoffe zu isolieren. Von grosser Bedeutung war, dass Psilocybin und Psilocin im Myzel verbleiben. Nur sehr geringe Alkaloidmengen konnte Hofmann in den Lösungen nachweisen, die wahrscheinlich vom Zerfall einzelner Zellen und nachfolgender Auflösung stammten. Diese Erkenntnis führte zum einfachen Abfiltrieren des Myzels und nachfolgender milder Trocknung, analog zum Behandeln der natürlich gewachsenen und kultivierten Pilze. Auffällig war auch, dass Hofmann in den Myzelien meist Psilocybin nachweisen konnte, während in Pilzen oft instabileres Psilocin gebildet wird. Daher sind getrocknete Myzelien recht lagerungsstabil.
Als billiger und einfacher Nährstoff wurde Malzextrakt verwendet, der auch ein bevorzugter Bestandteil von festem Agar ist. So wurden z.B. aus 60 gr. Malzextrakt in einem Liter Wasser bei Zusatz von 2 gr. Agar nach 4 Wochen Kultur etwa 20 gr. trockenes Myzel gewonnen. Diese Menge entspricht etwa 600 Trockenpilzen der einheimischen *Psilocybe semilanceata* (!), auch wenn diese mehr Alkaloid als die Myzelien enthalten.
Es ist auffällig, dass die vielen amerikanischen »Underground«-Pamphlete der letzten 20 Jahre zur Pilzzucht diese einfache Kultivierung nie erwähnen oder selbst getestet haben. Offensichtlich verhindert die Sprachbarriere, dass die französischen und deutschen Vorschriften der 50er Jahre ausgewertet und nachgearbeitet wurden. Es werden lediglich amerikanische Schüttelexperimente der 60er Jahre zitiert, die zeigten, was schon vorhersehbar war. Durch die ständige Störung der Myzelbildung, die schließlich in Pellets resultierte, bildeten nur *Psilocybe cubensis* und *Psilocybe baeocystis* Psilocybin. Die Ausbeuten an Trockenmyzel waren sehr gering, beim Überschreiten der Schütteldauer sank der Wirkstoffgehalt wieder. Auch mussten kompliziertere Nährlösungen verwendet werden, da eigenartigerweise Malzextrakt nur inaktive Pellets bewirkt. Zusätzlich zu diesen Resultaten sind unter Schüttelbedingungen Flüssigkeitsmengen von mehreren Litern nicht einfach anwendbar, noch dazu, wo Sterilität eingehalten werden muss.
Bezeichnend war auch, dass *Psilocybe cyanescens* den festen Agar stark blau färbt, aber bei keiner Nährlösung unter Schüttelbedingungen jemals Psilocybin bildet. Das vollmundige Zitat einer Broschüre, »5000 Dosierungen pro Woche«, war ein reines Fantasiegebilde und hatte einfach die theoretische Vergrößerung der wenigen Milliliter der beschriebenen Schüttelversuche zum Inhalt.

Arbeitsvorschrift zur Oberflächenkultur

Die einfache Oberflächenkultur erschien so faszinierend, dass sie bei einer Vielzahl von Arten, die seit geraumer Zeit kursieren, getestet wurde. Das Resultat war überwältigend positiv. Es soll hier nicht auf Stammisolierung und Gewinnung von reinen Pilzkulturen auf festem Agar eingegangen werden. Darüber existieren genug zuverlässige Literaturbeschreibungen und sie wird auch in diesem Buch eingehend beschrieben (vgl. auch das Literaturverzeichnis). Obwohl mit verschiedensten Nährlösungen experimentiert wurde, erwies sich die einfache Malzextraktlösung, die auch bei den festen Agarkulturen benutzt wird, als die weitaus beste und billigste Variante. Bei der Sterilisation gibt es absolut keine Probleme, da keine Feststoffe dabei sind. 30 Minuten im Schnellkochtopf bei kleiner Stufe tötet alle Keime ab. Durch die Nährlösung im Literbereich sind jedoch nur große Töpfe verwendbar. Es empfiehlt sich ein Autoklav für die Sterilisation einiger Liter Lösung, wie sie in einigen Ländern für medizinisch-hygienischen Bedarf recht billig erhältlich sind.

60 gr. Malzextrakt (Biomalz aus dem Reformhaus, Biervorprodukt) werden zusammen mit 2 gr. Agar in einem Liter Wasser unter Rühren weitgehend gelöst, bloss der Agar liegt als Suspension vor. Daher erfolgt die Lösung am besten gleich im Kulturgefäß.

Die Lösung befindet sich in großvolumigen Flaschen oder Gefäßen, die sterilisierbar sind und beim Stehen oder gekippten Lagern eine große Oberfläche aufweisen. Die Flaschen müssen so groß sein, dass eine große Oberfläche zumindest »machbar« ist, also etwa ein Volumen von 2, 5 Litern bei 1 Liter Lösung. Ideal wären Fernbach- oder Penicillinkolben, die für 0,5, 1 und 2,5 Liter Lösung ausgelegt sind. Wichtig ist aber einzig, dass eine große Oberfläche erreicht wird, die mitunter auch erst beim gekippten Lagern erreicht werden kann. Grosse Petrischalen (20 cm Ø und 3 bis 5 cm Höhe, 250 ml Lösung) können ebenfalls verwendet werden. Sie lassen sich sehr gut stapeln und sind wiederverwendbar. Sie müssen aber mit mehreren Lagen Zellstoff (Bindfaden) und darüber zusätzlich mit Alufolie verschlossen werden. Nach der Sterilisation wird ein kleines Loch nur in die Alufolie gestochen, Myzelien brauchen Luft zum Wachstum und zur Alkaloidbildung!

Verschlossen werden die Flaschen jeweils mit fest zusammengedrehter Watte oder dicken Zellstoffschichten, die dann nach außen zum Schutz von Durchnässung bei der Dampfsterilisation mit Alufolie abgedeckt werden. Der Watte/Zellstoffverschluss darf sich nie mit der Nährlösung benetzen! Beim sterilen Beimpfen niemals die der Flüssigkeit zugewandte Seite des Verschlusses auf die Unterlage der Impfbox legen.

Vorteilhaft werden auch sterilisierbare Plastikbeutel (Polypropylen) verwendet, die als spezielle Haushaltsbeutel (Vernichtungsbeutel) oder sogar mit Sterilverschluss von Pilzzuchtfirmen angeboten werden. Sie müssen ebenfalls mindestens

doppelt so groß sein wie das Volumen der Nährlösung. Da keine starren Wände existieren, muss bei der Verwendung von Beuteln noch mehr darauf geachtet werden, dass der Verschluss immer die höchste Stelle darstellt, um Benutzungen durch die Lösung auszuschließen. Man sollte daher vorher immer mit der gleichen Menge Wasser testen, wie man später arbeiten wird. So können die Beutel während der Sterilisation und später bei der Beimpfung in Becher, Gläser u.ä. mit dem Verschluss nach oben gestellt werden. Nach der sterilen Beimpfung legt man den verschlossenen Beutel z.B. in eine passende Plastikschale, so dass daraus eine maximale Oberfläche resultiert und der Verschluss seitlich über den Schalenrand als höchste Stelle hinausragt. Notfalls muss der Verschluss mit einem Stativ oder einer Beschwerung fest fixiert werden. Jeder Beutel wird nur einmal verwendet!
Wichtig ist, dass bei der Kultivierung der Myzelien in Flaschen oder Beuteln nicht geschüttelt wird. Als Standkultur bleiben sie 3 bis 7 Wochen nach der Beimpfung an der gleichen Stelle stehen. Da im Dunkeln bei mehreren Pilzarten die Bildung der Myzeldauerformen (Sklerotien) begünstigt werden soll, stehen die Behälter generell bei Raumtemperatur ohne Licht, wobei gelegentliches Licht beim Nachsehen nicht schadet. Ohnehin bilden andere Arten nie Sklerotien und enthalten trotzdem größere Mengen Alkaloide (siehe hinten). Ähnlich wie bei festem Agar können in den ersten Tagen nach der Beimpfung die gleichen Kontaminationen auftreten, die aus Instrumenten, unsteriler Luft und eventuell verdeckten Keimen in der Agar-Kultur resultieren. Gewöhnlich überzieht sich die Oberfläche des Impfstückes allmählich in den ersten Tagen nach Beimpfung mit anfänglich immer weissem Myzel. Eventuelle bakterielle und hefeartige (beide haben strenge Gerüche!) oder schimmlige Kontamination mit schneller, auf der Oberfläche streuender und farbiger Sporenbildung werden dagegen in den ersten drei Tagen schon massiv sichtbar. Solche Lösungen sollten sofort außerhalb der Kulturräume im Freien entsorgt werden.
Nach ein bis zwei Wochen Kultur bei Raumtemperatur ist die Oberfläche vom Kulturpilzmyzel überzogen. Nachdem die Oberfläche sich völlig mit Myzel bedeckt hat, beginnt bald eine Verfärbung vieler Myzelien. Mit zunehmender Verdickung bilden sich die erwähnten Dauerformen bei manchen Arten wie *Psilocybe mexicana*, *Psilocybe tampanensis* und manchen Stämmen der *Psilocybe cubensis*. Die Sklerotien haben eine gelbe, bräunliche oder bläuliche Farbe und können sehr hart werden. Sie bilden sich allerdings erst nach mehreren Wochen und sind daher von Schimmelkontaminationen immer eindeutig unterscheidbar.
Als generelle Faustregel gilt, dass noch mindestens 3 Wochen nach dem völligen Überwachsen der Oberfläche weiterkultiviert wird. Da die Lösung dann nicht mehr kontaminiert werden kann, ist keine Anwesenheit mehr nötig. Längeres Stehenlassen (2 bis 3 Wochen) schadet nichts.

Einfaches Impfen großer Myzelbruten

Für das Beimpfen von Gefässen zur Oberflächenkultur oder großen Pilzbruten zur Gewinnung von Pilzen ist es vorteilhaft, eine Myzelsuspension herzustellen. Das Beimpfen mit dieser Suspension verdoppelt die anfängliche Wachstumsgeschwindigkeit des Myzels in den Kulturmedien, es birgt aber eine etwas größere Kontaminationsgefahr als das Hineinwerfen eines Myzelstückes.
Ein Kölbchen (etwa 100 ml) mit Watteverschluss enthält 30 ml Wasser neben einer Rasierklinge und einen kleinen Dauermagneten. Nach 30-minütiger Sterilisation und Abkühlen auf Raumtemperatur wird steril mit einem Myzelstück aus einer Agarkultur (etwa 2 x 2 cm) beimpft. Hat man einen Magnetrührer zur Verfügung, lässt man ihn 20 Minuten bei verschlossenem Watte-/Aluverschluss rühren. Die Rasierklinge reißt kleine Myzelfragmente ab, die zusätzliche Impfpunkte ergeben. Notfalls schwenkt man 20 Minuten mit der Hand, die Lösung darf aber den Stopfen nicht benetzen.
Es ist ratsam, das Kölbchen von außen vorher zu desinfizieren. Mit der Lösung können dann unter Schwenken und sterilen Bedingungen die Nährmedien beimpft werden. Ebenso gelingt das Aufziehen mit einer sterilen Spritze ohne Nadel oder mit einem Pipettiergerät.
Es ist nicht nötig, das große Myzelstück völlig zu zerlegen. Das Vorhandensein größerer Stücke wirkt sich vorteilhaft auf das Wachstum aus, da die unterschiedlich starken, sich entwickelnden Myzelien besonders schnell miteinander verschmelzen können und so die gewünschte dicke Schicht bilden.
Nach Beimpfen der Kulturen steigen durch den Agaranteil nach dem Umschwenken der wieder steril verschlossenen Lösung die Myzelstückchen schnell an die Oberfläche und können so durch Sauerstoffaufnahme schnell wachsen.

Lagerung und Verarbeitung der Myzelkulturen

Danach erfolgt die Aufarbeitung sehr einfach. Die Flaschen werden kräftig geschüttelt, wobei die Myzelaggregate zerfallen. Die kleinen Stücke können nach dem Öffnen leicht mit einem Haushaltssieb abfiltriert werden. Pilze, die in der Natur Holzreste bewohnen, haben gewöhnlich etwas zähere Myzelien. Durch die vorherige Verwendung von festem Malzagar als Startmaterial hat man einen guten Vergleich. Die Myzelien sind sich ähnlich, wobei das Myzel der Flüssigkultur durch die viel grössere Oberfläche eine viel ausgeprägtere Struktur aufweist. Die Blauung muss identisch sein.
Bei Holzbewohnern sind durch die Myzelkonsistenz eher Flächen mit größerer Öffnung zu empfehlen. Natürlich entfallen diese Probleme, wenn Beutel verwendet

werden, die dann einfach aufgeschnitten werden, wobei das Gesamtmyzel mittels Sieb abfiltriert wird. Das Myzel auf dem Sieb wird kurz mit kaltem Leitungswasser gewaschen und danach in 2 Liter desselben schnell aufgeschwemmt und wieder analog filtriert. Nach dem Zerschneiden in kleinere Stücke (Schere) wird das Myzel, das dann nur ca. 70% Wasser enthält (Pilze 90%) bei Raumtemperatur auf Papier unter Vermeidung von Sonnenbestrahlung in trockenen Räumen getrocknet, bis es hart und nicht mehr biegsam ist. Die getrockneten Myzelien werden gut verschlossen und kühl wie die Pilze aufbewahrt und erst bei Bedarf zu Pulver verarbeitet.

Typische Oberflächenkultur

Resultate der Oberflächenkultur

Im folgenden sollen die Resultate der getesteten Pilzarten vorgestellt werden. Zu beachten ist, dass unterschiedliche Stämme einer Art auch unterschiedliches Wachstum und Aussehen sowie variable Alkaloidmengen bilden können.
Untersuchungen haben gezeigt, dass die einheimische Pilzart *Psilocybe semilanceata* (abgekürzt: PS) im Durchschnitt von mehreren Standorten etwa 1% Psilocybin (1 gr. = 10 mg Alkaloid) enthält. Der Gehalt der einzelnen Myzelien kann daher gut mit diesem Pilz verglichen werden.
Abschließend kann festgestellt werden, dass unabhängig vom Erscheinungsbild der Myzelien verschiedener Arten doch ähnliche Ausbeuten an Myzel und meist auch verwandte Alkaloidmengen gebildet werden. Durch Stammselektionen und eventuelle Zusätze zu dem Nährmedium können die Erträge sicher gesteigert werden. In Anbetracht der Artenvielfalt psychoaktiver Pilze drängt sich der Schluss auf: Es gibt noch viel zu tun!

Psilocybe cubensis

Stamm 1
Kulturzeit: 5 Wochen
Ausbeute: 25 gr.
Alkaloidgehalt: 1/3 PS

Mit zunehmendem Wachstum blieben die Myzelien reinweiß. Die Oberfläche wurde aber zunehmend zerklüfteter und weißer, zusammengeballte Aggregate wurden nach 2 Wochen sichtbar und immer größer. Sie wirkten wie Vorstufen von Sklerotien und waren nach dem Abfiltrieren leicht zu zerbrechen. Die Myzelien verfärbten sich beim Zerschneiden mit der Schere tiefblau.

Stamm 2
Kulturzeit: 4 Wochen
Ausbeute: 20 gr.
Alkaloidgehalt: 1/3 PS

Die Myzelien verfärbten sich beim Wachstum spontan bläulich. Die ebenfalls zerklüftete Oberfläche enthielt zusammengeballte Aggregate, die noch bläulicher gefärbt waren und härter als beim Stamm 1. Sie verfärbten sich bei Druck erheblich blauer als die normalen Myzelien. Beim Schwenken der Gefäße zerbrach die Myzelmasse genau an der Berührungsstelle von Myzel und den schon als Sklerotien anzusehenden Gebilden.

Stamm 3
Kulturzeit: 5 Wochen
Ausbeute: 23 gr.
Alkaloidgehalt: 1/4 PS

Dieser Stamm bildete reinweißes Myzel, wobei keine Zusammenballungen erkennbar waren. Schon beim Schwenken und Zerbrechen verfärbte sich das Myzel stark blau.

Panaeolus cyanescens

Kulturzeit: 4 Wochen
Ausbeute: 21 gr.
Alkaloidgehalt: 1/2 PS

Die schnell wachsenden, reinweißen Myzelien verfärbten sich nach etwa 2 Wochen Kultur zunehmend blaufleckig. Bei diesem Pilz ist eine übermäßig lange Kultur eher nicht zu empfehlen, da so eine starke Verfärbung eine Wegoxydation von Wirkstoffen und damit ein Zeichen von Alterung darstellt. Auch beim Zerschneiden traten zusätzlich noch starke Verfärbungen auf.

Panaeolus subbalteatus

Kulturzeit: 5 Wochen
Ausbeute: 22 gr.
Alkaloidgehalt: 1/4 PS

Der einheimische Pilz bildete schon nach 2 Wochen blaue Sklerotien von 1 bis 3 Millimeter Durchmesser aus, die schon von der Kultur auf festem Agar bekannt waren. Die ursprünglich weißen Myzelien verfärbten sich zusätzlich allmählich bräunlich. Beim Zerschneiden war die Blaufärbung sehr diskret.

Psilocybe mexicana

Stamm 1
Kulturzeit: 5 Wochen
Ausbeute: 23 gr.
Alkaloidgehalt: 1/3 PS

Die Myzelien bekamen mit zunehmender Kultivierung eine bräunliche Farbe und bildeten nach 3 Wochen gelbbräunliche Sklerotien aus, die sich beim späteren Zerschneiden mit der Schere nach 30 bis 60 Minuten diskret blau verfärbten. Durch die Sklerotien war die Oberfläche zerklüftet.

Stamm 2
Kulturzeit: 4 Wochen
Ausbeute: 18 gr.
Alkaloidgehalt: 1/3 PS

Der Stamm bildete schon nach 14 Tagen Kultivierung gelbbraune Sklerotien aus. Die Blauverfärbung war beim Zerschneiden etwas schneller und intensiver als bei Stamm 1.

Psilocybe tampanensis

Kulturzeit: 6 Woche
Ausbeute: 20 gr.
Alkaloidgehalt: 1/3 PS

Die Myzelien bilden mit zunehmender Kultivierung schwarzbraune Sklerotien ab der 4. Woche aus, wobei die Myzelfarbe vorher von weiß nach bräunlich umgeschlagen war. Die Sklerotien hatten z.T. bläuliche Nuancen an den Übergangsstellen zum normalen Myzel.

Psilocybe semilanceata

Kulturzeit: 10 Wochen
Ausbeute: 19 gr.
Alkaloidgehalt: 1/4 PS

Bemerkenswert war bei dieser Kultur der bedeutend schwächere Alkaloidgehalt als in entsprechenden Pilzen feststellbar ist. Die Art war die am langsamsten wachsende unter allen hier getesteten. Ab der 6. Woche bildeten sich schwarzbraune Sklerotien aus, die sich beim Zerschneiden ähnlich wie die Pilze nach etwa 60 Minuten sehr schwach blau verfärbten.

Psilocybe natalensis

Kulturzeit: 4 Wochen
Ausbeute: 23 gr.
Alkaloidgehalt: 1/3 PS

Diese südafrikanische Art bildet schnell eine dicke weiße Myzelschicht mit Zerklüftung aus. Nach 3 Wochen werden die Myzelien zunehmend bräunlich, und bläuliche Flecken bildeten sich. Sklerotien wurden nicht gebildet. Das Myzel bricht leicht und verfärbt sich beim Zerschneiden tiefblau.

Psilocybe caerulescens

Kulturzeit: 5 Wochen
Ausbeute: 19 gr.
Alkaloidgehalt: 1/4 PS

Die mexikanische Art, die auch schon bei Sandoz gezüchtet worden war, zeigt ebenfalls eine allmähliche Verfärbung der weißen Myzelien ins Bräunliche. Ab der 3. Woche bilden sich wenig schwarzbraune Sklerotien. Beim Zerschneiden wurde ebenfalls eine mäßige Blaufärbung beobachtet.

Psilocybe weilii

Kulturzeit: 4 Wochen
Ausbeute: 21 gr.
Alkaloidgehalt: 1/3 PS

Dieser nahe Verwandte von *Psilocybe caerulescens* wuchs etwas schneller. Bräunliche Verfärbung der Myzelien und Blauverfärbung nach Zerschneiden waren identisch, jedoch konnte in der Kultivierungszeit keine Sklerotienbildung beobachtet werden.

Psilocybe bohemica (=Psilocybe cyanescens)

Kulturzeit: 6 Wochen
Ausbeute: 23 gr.
Alkaloidgehalt: 1/3 PS

Dieser Pilz aus Böhmen wuchs reinweiß, später färbten sich die Myzelien auch bräunlich und zunehmend traten blaue Flecken auf, die aber nicht so intensiv wie bei *Panaeolus cyanescens* waren. Die Myzelien waren etwas zäher und verfärbten sich ebenfalls beim Zerschneiden blau.

Psilocybe cyanescens

Kulturzeit: 4 Wochen
Ausbeute: 22 gr.
Alkaloidgehalt: 1/3 PS

Der Stamm soll ursprünglich aus Nordamerika stammen. Zuerst wuchs er reinweiß und nahm erst nach der 3. Woche bräunliche Verfärbung an, bildete wie *Psilocybe bohemica* keine Sklerotien aus. Auch beim Zerschneiden verfärbten sich die wenig zerklüfteten Myzelien stark blau.

Psilocybe azurescens

Stamm 1
Kulturzeit: 4 Wochen
Ausbeute: 22 gr.
Alkaloidgehalt: 1/2 PS

Die auffällig weißen Myzelien verloren ihre Farbe nur wenig mit zunehmender Kultivierung, Sklerotien oder eine bräunliche Verfärbung bildeten sich nicht. Beim Zerschneiden des etwas zähen Myzels trat eine sehr starke blaue Verfärbung auf, die später sogar bis ins Schwarzblaue ging.

Stamm 2
Kulturzeit: 5 Wochen
Ausbeute: 25 gr.
Alkaloidgehalt: 1/2 PS

Die Myzelkultur war bis auf eine Besonderheit identisch mit der von Stamm 1; ab der 3. Woche bildeten sich blaue Flecken spontan auf dem weißen Myzel aus.

Gymnopilus purpuratus

Kulturzeit: 4 Wochen
Ausbeute: 18 gr.
Alkaloidgehalt: 1/4 PS

Dieser Flämmling der südlichen Hemisphäre bildet zuerst weiße Myzelien aus, die teilweise auch knäuelig erscheinen. Allmählich wurden sie leicht bräunlich, schließich färbte sich das Myzel großflächig graublau. Sklerotien wurden nicht gebildet, beim Zerschneiden trat eine mäßige Blaufärbung auf.

Großaufnahme einer Myzelstruktur

Foto: F. Spitzkegulus

Literatur

GOTTLIEB, A.: *The Psilocybin Producerís Guide.* Kistone Press, Hermosa Beach, California (1976) (»5000 doses a week«)

HEIM, R. & WASSON, R. G.: *Les Champignons Hallucinogènes du Mexique.* Paris (1958)

HEIM, R., HOFMANN, A., BRACK, A., KOBEL, H. & CAILLEUX, R.: *Verfahren zur Herstellung und Gewinnung von Psilocybin und Psilocin.* Patent Nr. 1087321, Kategorie C12 D30 HC

OSS. O. T. & OERIC, O. N.: *Psilocybin Magic Mushroom Grower's Guide.* And/Or Press, Berkeley California (1976)

OTT, J. & BIGWOOD, J. (Eds.): *Teonanacatl. Hallucinogenic Mushrooms of North America.* Madrona, Seattle (1978)

POLLOCK, S. H.: *Magic Mushroom Cultivation.* Herbal Medicine Research Foundation, San Antonio, Texas (1977)

STAMETS, P. & CHILTON, J. S.: *The Mushroom Cultivator.* Agaricon Press, Olympia, Washington (1983)

STAMETS, P.: *Psilocybin Mushrooms of the World.* Ten Speed Press, Berkeley, California (1996)

WORTE DES DANKES

Dieses Buch wäre ohne Gerrit Kalsbeeks unermessliche Hilfe niemals zustandegekommen. Mein Dank gilt auch René Rikkelman und Hans Vogt von der »Stichting Perfect Fungi Europe«, die so gut waren, mir ihre Anleitung inklusive deutlichen Zeichnungen für die Pilzzucht zu überlassen.
Roger Liggenstorfer, Wilnah Molenaar und Dries Langeveld gilt mein Dank für die Illustrationen. Hans van den Hurk und Jeroen Burger von Conscious Dreams, Martin Sijes vom nordholländischen Brijderverein, Jaap de Vlieger von der Rotterdamer Polizei, Ad Cox vom Amsterdamer GGD, Hans Ossebaard vom Zentrum für Suchtforschung an der Reichsuniversität Utrecht, Peter Cohen und Marieke Langemeijer vom Zentrum für Drogenforschung an der Universität Amsterdam und Charlie Kaplan von der Universität Maastricht danke ich für deren wertvolle Ratschläge »zur Sache«.
Dick Bierman von der Universität Amsterdam danke ich für seine einzigartige Forschung nach parapsychologischen Eigenschaften psychedelischer Pilze, Jochen Gartz von der Universität Leipzig, Jan Sennema und S. F. für deren mykologische Ratschläge. Bei Hans Plomp bedanke ich mich für seine Einsichten ins Ausflippen und bei Harry Bego für seine Mühe mit dem Index. Peter Krijger, Richard Platek, Sjra, Soto, Sjon, Tomek, Maartje, Jasper, Louis Sarno, Jan Nilsson und Bas van Doesburg haben essentielle Beiträge zu diesem Buch geliefert. Aaike Cools danke ich für ihre Hilfe beim Suchen geschickter Interviewkandidaten, Esther van Gulick für ihre große Liebe und Unterstützung während des Schreibens. Die größte Hilfe beim Schreiben und meine Inspiration verdanke ich zu guter Letzt den Zauberpilzen.

Arno Adelaars

ANMERKUNGEN

1) Bernardino de Sahagún, »Historia general de las cosas de Nueva España«, Mexico City 1982.

2) Wade Davis, »One River«, New York 1996, Seite 98.

3) Wade Davis, »One River«, New York 1996, Seite 105.

4) Siehe auch: Irmgard Weitlaner Johnson, »Remembrances of Things Past« (Erinnerungen aus der Vergangenheit), in: Thomas J. Riedlinger (Hrsg.), »The Sacred Mushroom Seeker, Essays for R. Gordon Wasson« (Die heiligen Pilzesammler, Aufsätze für R. Gordon Wasson), Portland 1990, Seite 135.

5) Masha Wasson Britten, »My Life with Gordon Wasson« (Mein Leben mit Gordon Wasson), in: Thomas J. Riedlinger (Hrsg.), »The Sacred Mushroom Seeker, Essays for R. Gordon Wasson«, (Die heiligen Pilzesammler, Aufsätze für R. Gordon Wasson), Portland 1990, Seite 36.

6) R. Gordon Wasson, »Seeking The Magic Mushroom« (Auf der Suche nach den heiligen Pilzen), in: Life, 13. Mai 1957, Seiten 45 - 60.

7) Jay Stevens, »Storming Heaven. LSD and the American Dream«(Himmelsstürme. LSD und der amerikanische Traum), London 1989, Seite 193.

8) Jay Stevens, »Storming Heaven. LSD and the American Dream«, London 1989, Seite 204.

9) Peter Stafford, »Psychedelics Encyclopedia, Third Expanded Edition« (Psychedelische Enyzklopädie; dritte, erweiterte Ausgabe) , Berkeley 1992, Seite 242.

10) Alvaro Estrada, »Maria Sabina. Her Life and Chants« (Maria Sabina. Ihr Leben & ihre Gesänge), Santa Barbara 1981, Seite 91.

11) O. T. Oss & O. N. Oeric, »Psilocybin. Magic Mushrooms Grower's Guide« (Psilocybin. Ein Handbuch für die Pilzzucht), Berkeley 1986.

12) R. De Mille, »Castaneda's Journey« (Castaneda's Reise), Santa Barbara 1976; »The Don Juan Papers«, Santa Barbara 1980.

13) Science Magazine, 30. April 1971: »Pure LSD ingested in moderate doses does not damage chromosomes in vivo, does not cause detectable genetic damage, and is not a teratogen or carcinogen in man.« (Reines LSD, in mäßigen Dosierungen eingenommen, beschädigt Chromosomen in vivo nicht, verursacht keine feststellbare genetische Beschädigung und verursacht weder Mißbildungen noch Krebs.)

14) Rick Strassman, »Adverse Reactions to Psychedelic Drugs. A Review of the Literature« (Ungünstige Reaktionen auf psychedelische Drogen), in: Journal of Nervous and Mental Disease, 10 (1984), Seiten 577 - 595. Siehe auch: Leigh Henderson & William Glass, »LSD. Still with Us after All these Years« (LSD. Nach all den Jahren noch immer unter uns), New York 1994.

15) A.G. van der Plas, »Juridische aspecten van het gebruik van psycho-actieve middelen« (Juristische Aspekte bei der Anwendung psychoaktiver Substanzen), in: PAN-Forum, Ausgabe Nr.1 (1995), Seiten 19 - 20.

16) Richard Evans Schultes & Albert Hofmann, »The Botany and Chemistry of Hallucinogens« (Botanik & Chemie der Halluzinogene), Springfield 1973, Seite 46.

17) Jochen Gartz & Jonathan Ott

18) Jonathan Ott., »Pharmacotheon«, Kennewick 1993, Seite 282.

19) Jonathan Ott, »Pharmacotheon«, Kennewick 1993, Seite 308.

20) Robert M. Julien, »A Primer of Drug Action« (Fibel der Drogenwirkung), New York 1995, Seite 320.

21) Solomon H. Snyder, »Psychofarmaca. Hersenen onder invloed« (Psychopharmaka. Gehirne unter Einfluß), Maastricht - Brüssel 1989, Seite 196.

22) Solomon H. Snyder, »Psychofarmaca. Hersenen onder invloed« (Psychopharmaka. Gehirne unter Einfluß), Maastricht - Brüssel 1989, Seite 196.

23) Hartmut Laatsch, »Zur Pharmakologie von Psilocybin und Psilocin«, in: Roger Liggenstorfer und Christian Rätsch (Hrsg.), »Maria Sabina, Botin der heiligen Pilze«, Solothurn 1996, Seite 201-202.

24) Hans C. Ossebaard, »Nieuwe trends in druggebruik« (Neue Trends im Drogengebrauch), in: MGV 6 (1997), Seiten 667 - 671.

25) Dick Bierman, »Het effect van cannabis en paddo's in een parapsychologisch experiment« (Wirkung von Cannabis und Psilos in einem parapsychologischen Experiment), in: PAN-Forum, Ausgabe Nr. 7 (1997).

26) Persönliche Korrespondenz mit Jochen Gartz.

27) E. Arnolds, Th.W. Kuyper & M. E. Noordeloos, »Overzicht van de paddestoelen in Nederland« (Verzeichnis der Rauschpilze in den Niederlanden), Wijster 1995, Seite 390.

28) Jochen Gartz, »Magic Mushrooms around the World« (Psychedelische Pilze weltweit), Los Angeles 1996, Seite 26.

29) Jochen Gartz, »Magic Mushrooms around the World«, Los Angeles 1996, Seite 15.

30) Paul Stamets, »Psilocybin Mushrooms of the World«, Berkeley 1996, Seite 110.

31) Jochen Gartz, »Magic Mushrooms around the World«, Los Angeles 1996, Seite 98.

32) E. Arnolds, Th.W. Kuyper & M.E. Noordeloos, »Overzicht van de paddestoelen in Nederland«, Wijster 1995, Seite 384.

33) Jochen Gartz, »Ein 'Neuer' psilocybinhaltiger Pilz«, in: Roger Liggenstorfer und Christian Rätsch (Hrsg.), »Maria Sabina. Botin der heiligen Pilze«, Solothurn 1996, Seite 191.

34) Jochen Gartz, »Magic Mushrooms around the World«, Los Angeles 1996, Seiten 44-50.

35) Aus »Sieben Defensiones« (1538) von Paracelsus.

36) Nicholas Saunders, »Ecstasy Reconsidered« (Ecstasy - Neue Erwägungen), London 1997, Seite 81.

37) Jochen Gartz, »Magic Mushrooms around the World«, Los Angeles 1996, Seite 102.

38) Paul Stamets, »Psilocybin Mushrooms of the World«, Berkeley 1996, Seiten 97-98.

39) A. Gerault & D. Pickart,«Intoxication mortelle à la suite de la consommation volontaire et en groupe de champignons hallucinogènes« (Tödliche Vergiftung nach freiwilliger Einnahme psychedelischer Pilze), in: Bull. Soc. Mycol. Frankreich, 112 (1996) Seiten 1 - 14.

Jochen Gartz, Giorgio Samorini & Francesco Festi, »On the Presumed French Case of Fatality Caused by Ingestion of Liberty Caps« (Auf den Spuren des angeblich fatalen französischen Falles bei der Einnahme Spitzkegliger Kahlköpfe), in: Eleusis, Nr. 6 (1996).

40) Jasper berichtet persönlich über seinen Bad Trip auf dem Internet: http://www.worldaccess.nl/~flowers.

41) Lester Grinspoon & James B. Bakalar, »Psychedelic Drugs Reconsidered« (Psychedelische Drogen neu betrachtet) , New York 1979, Seite 160.

42) Stanislav Grof, »Crisis Intervention, in Situations Related to Unsupervised Use of Psychedelics« (Krisenintervention in Situationen unbeaufsichtigten Gebrauchs von Psychedelika), in: »LSD Psychotherapy«, Alameda (Kalifornien) 1994.

43) Hans Plomp, »De flipervaring als inwijdingsbeproeving« (Ausflippen als Einweihungstest), in: PAN-Forum, Ausgabe Nr. 6 (1997), Seite 23.

44) Anatto Iken, »Paddestoelenpsychose? In de tang van de psychiatrie« (Rauschpilzpsychose? In den Klauen der Psychiatrie), in: Connection Magazin, Oktober 1996, Seiten 5 – 16.

45) Richard Rudgley, »The Alchemy of Culture, Intoxicants in Society« (Alchemie der Kulturen, Rauschmittel in der Gesellschaft), London 1993, Seite 83. Auch unter dem Titel »Essential Substances« (Essentielle Substanzen), New York 1993, veröffentlicht.

46) Terence McKenna, »Food of the Gods. The Search for the Original Tree of Knowledge«(Speise der Götter. Auf der Suche nach dem ursprünglichen Baum der Weisheit), New York 1992, Seiten 24 - 26.

47) Giorgio Samorini, »The Oldest Representations of Hallucinogenic Mushrooms in the World (Sahara Desert, 9000-7000 BP)« (Die ältesten Darstellungen halluzinogener Pilze der Welt {Sahara-Wüste, 9000–7000 BP}), in: Integration, Ausgaben Nr. 2 + 3 (1992), Seiten 69–78. Siehe auch: Terence McKenna, »Food of the Gods. The Search for the Original Tree of Knowledge«, New York 1992, Seiten 69–79.

48) Im National Geographic 172 (1987) ist auf der Seite 187 ein großartiges Foto der Pilzgöttin abgebildet.

BIBLIOGRAPHIE

ADELAARS, Arno, *Ecstasy. Opkomst van een bewustzijnsveranderend middel,* Amsterdam, 1991. Nieuwe uitgebreide editie 1994. (*Ecstasy. Auftauchen eines bewußtseinsverändernden Mittels*, erweiterte Ausgabe 1994)

ADELAARS, Arno, *XTC. Alles over Ecstasy (XTC. Alles über Ecstasy),* Amsterdam 1996.

ADELAARS, Arno, *In de ban van het Kaalkopje (Im Bann der Kahlköpfe),* in: *HP/De Tijd,* Ausgabe vom 20. April 1993.

ADELAARS, Arno & KALSBEEK, Gerrit, *De Heilige Geest is uit de fles (Der heilige Geist ist aus der Flasche),* in: *HP/De Tijd,* Ausgabe vom 31 . Januar 1997.

ALLEGRO, John M., *De Heilige Paddestoel en het Kruis (Der heilige Pilz und das Kreuz),* Bussum 1971.

ANONYMUS, *Paddo's. Onze kleine broeders (Psilos. Unsere kleinen Brüder),* Amsterdam 1997.

ARNOLDS, E., KUYPER, Th.W. & NOORDELOOS, M. E., *Overzicht van de Paddestoelen in Nederland (Übersicht der Pilze in den Niederlanden),* Wijster 1995.

BARKMAN, Bas & Gert HAGE, *Kaalkopzorgen (Kahlkopfsorgen),* in: *HP/De Tijd,* Ausgabe vom 17. Januar 1997.

BEIFUSS, Will, *Psychedelic Sourcebook (Psychedelische Quellensammlung),* Rosetta 1996.

BIERMAN, Dick, *Het effect van cannabis en paddo's in een parapsychologisch experiment (Die Wirkung von Cannabis und Psilos in einem parapsychologischen Experiment),* in: *PAN-Forum,* Ausgabe Nr. 7.

BOGERS, Hans, SNELDERS, Stephen & PLOMP, Hans, *De Psychedelische (R)evolutie. Geschiedenis van, en recente ontwikkelingen in het onderzoek naar veranderde bewustzijnsstaten, (Die Psychedelische (R)evolution. Geschichte und gegenwärtige Entwicklung in der Forschung nach veränderten Bewußtseinszuständen),* Amsterdam 1994.

CASTANEDA, Carlos, *The Teachings of Don Juan. A Yaqui Way of Knowledge (Die Lehren des Don Juan. Ein Yaqui-Pfad der Weisheit,* Frankfurt 1996), Harmondsworth 1970.

Davis, Wade, *One River: Explorations and Discoveries in the Amazon Rain Forest (Ein Strom: Erkundungen und Entdeckungen im Regenwald des Amazonas)*, New York 1996.

Eliade, Mircea, *De magie van het alledaagse (Magie im Alltag)*, Utrecht 1992.

Emboden, William, *Narcotic Plants (Rauschpflanzen)*, London 1972.

Estrada, Alvaro, *Maria Sabina. Her Life and Chants (Maria Sabina. Ihr Leben und ihre Gesänge)*, Santa Barbara 1981.

Gartz, Jochen, *Narrenschwämme-Psychotrope Pilze rund um die Welt*, Solothurn 1999

Gartz, Jochen, Samorini, Giorgio & Festi, Francesco, *On the presumed French case of fatality caused by ingestion of Liberty Caps (Zum vermuteten französischen Fall des fatalen Konsums von Spitzkegeligen Kahlköpfen)*, in: *Eleusis* Ausgabe Nr. 6, S. 3 - 13 (1996).

Gartz, Jochen und Georg Wiedemann (2015), *Discovery of a new caerulescent Psilocybe mushroom in Germany: Psilocybe germanica sp.nov., Drug Testing and Analysis* 7(9): 853–857. => Gesamter Artikel online: http://onlinelibrary.wiley.com/doi/10.1002/ dta.1795/full

Gartz, Jochen (2015), Dreißig Jahre Pilzforschung – Neue Arten, Wirkstoffe und viele Artikel, *Lucy's Rausch* 2: 84-87.

Gerault, A. & Pickart, D., *Intoxication mortelle à la suite de la consommation volontaire et en groupe de champignons hallucinogènes (Tödliche Vergiftung im Fall freiwilligen Konsums halluzinogener Pilze), in: Bull. Soc. Mycol. France*, 112, (1996) Seiten 1 - 14.

Grinspoon, Lester & Bakalar, James B, *Psychedelic drugs reconsidered (Psychedelische Drogen neu überarbeitet)*, New York 1979.

Grof, Stanislav, *LSD Psychotherapy (LSD-Psychotherapie*. Stuttgart 1983), Alameda, Kalifornien 1994.

Harner, Michael J. (Hrsg.), *Hallucinogens and Shamanism (Halluzinogene und Schamanismus)*, London 1973.

Hellinga, Gerben & Plomp, Hans, *Uit je bol (Ausgelassen)*, Amsterdam 1994. Überarbeitete Ausgabe 1997.

Henderson, Leigh & Glass, William, *LSD. Still with Us after All these Years (LSD. Nach all den Jahren noch immer unter uns)*, New York 1994.

Hofmann, Albert, *LSD. Mein Sorgenkind*, München 1993.

Hulsenbek, J.A., *Standpunt openbaar ministerie.* Rede uitgesproken tijdens de studiedag Eco Drugs van 15 mei 1997 in de Jaarbeurs Utrecht. (*Standpunkt des öffentlichen Ministeriums.* Rede während des Studientages zum Thema Ecodrogen am 15. Mai 1997 an der Jaarbeurs in Utrecht).

Iken, Anatto, Paddestoelenpsychose? In de ban van de psychiatrie (Rauschpilzpsychose? Im Bann der Psychiatrie), im: *Connection Magazin*, Ausgabe 5/16 vom Oktober 1996.

Julien, Robert M., *A primer of Drug Action (Fibel der Drogenwirkung)*, New York 1995.

Keizer, A. D. J., *Het beleid in zake ecodrugs.* Rede uitgesproken tijdens de studie Eco Drugs van 15 mei 1997 in de Jaarbeurs Utrecht. (*Begleitung betreffend Ecodrogen.* Ansprache während der Studie Ecodrogen am 15. Mai 1997 an der Jaarbeurs in Utrecht).

Korf, Dirk J., Nabben, Tom & Berdowski, Zosja, *Antenne 1996*, Amsterdam, 1997.

Kort, Marcel de, *Tussen patiënt en delinquent. Geschiedenis van het Nederlandse drugsbeleid (Zwischen Patient und Delinquent. Geschichte der niederländischen Drogenpolitik)*, Hilversum 1995.

Leary, Timothy, *High Priest (Hohepriester)*, Berkeley 1995.

Lhote, Henri, *Oasis of Art in the Sahara (Oase der Kunst in der Sahara)* in: *National Geographic*, Ausgabe Nr. 172, (1987), Seiten 180 - 191.

Liggenstorfer, Roger & Rätsch, Christian (Hrsg.), *Maria Sabina. Botin der heilige Pilze*, Solothurn 1996.

Maudit, J.A., *Quarante mille ans d'art moderne (Ein viertel Jahrhundert der modernen Kunst)*, Librairie Plon, Paris 1954.

McKenna, Terence, *Food of the Gods. The Search for the Original Tree of Knowledge (Speise der Götter. Auf der Suche nach dem wahren Baum der Weisheit,* Löhrbach 1996), New York 1992.

McKenna, Terence, *True Hallucinations (Wahre Halluzinationen.* Basel 1989), New York 1993.

Meuleman, G., *De goden reisden mee (Die Götter reisten mit),* Amsterdam 1997.

Mille, R. de, *Castaneda's Journey (Castanedas Reise),* Santa Barbara 1976.

Mille, R. de, *The Don Juan Papers (Die Don-Juan-Papiere),* Santa Barbara 1980.

Oss, O. T. & Oeric, O. N., *Psilocybin - Ein Handbuch für die Pilzzucht.* Linden 1981.

Ossebaard, Hand C., *Nieuwe trends in druggebruik (Neue Trends im Drogenkonsum)* in: *MGV*-6, Seiten 667 - 671).

Ott, Jonathan, *Pharmacotheon,* Kennewick 1993.

Phillips, Roger, *Paddestoelen van West-Europa (Pilze in Westeuropa),* Utrecht 1993.

Plas, Adéle van der, *Juridische aspecten van het gebruik van psycho-actieve middelen (Juristische Aspekte beim Gebrauch psychoaktiver Mittel)* in: *PAN-Forum* Ausgabe Nr. 1, Seiten 19 - 20, Oktober 1995.

Plomp, Hans, *De flipervaring als inwijdingsbeproeving (Ausflippen als Einweihungstest)* in: *PAN-Forum* Ausgabe Nr. 6, Mai 1997.

Riedlinger, Thomas J. (Hrsg.), *The Sacred Mushroom Seeker. Essays for R. Gordon Wasson (Der heilige Pilzesammler. Aufsätze für R. Gordon Wasson),* Portland 1990.

Rikkelman, Rene & Vogt, Hans, *Paddoteelt (Pilzzucht),* Psylocybe Fanaticus, Frühjahr 1998

Rudgley, Richard, *The Alchemy of Culture. Intoxicants in Society (Die Alchemie der Kultur. Rauschmittel in der Gesellschaft),* London 1993. Erschien auch unter dem Titel *Essential Substances (Essentielle Substanzen),* New York 1993.

Sahagún, Bernardino de, *Historia General de las Cosas de Nueva España (Allgemeine Geschichte des Neuen Spanien),* Mexico City 1982.

Samorini, Giorgio, *The oldest Representations of Hallucinogenic Mushrooms in the world (Sahara Desert, 9000 - 7000 B.P.) Die ältesten Darstellungen halluzinogener Pilze auf der Welt (Sahara Wüste 9000 – 7000 B.P.)* in: *Integration* Nrs. 2 & 3, (1992): Seiten 69 – 78.

Saunders, Nicholas, *Ecstasy Reconsidered (Ecstasy und die Tanzkultur.* Solothurn 1998), London 1997.

Schultes, Richard Evans & Hofmann, Albert, *The Botany and Chemistry of Hallucinogens (Botanik und Chemie der Halluzinogene)*, Springfield 1973.

Schultes, Richard Evans & Hofmann, Albert, *Over de planten der goden. Oorsprong van het gebruik van hallucinogenen (Pflanzen der Götter.* Aarau 1998), Utrecht - Antwerpen 1983.

Sennema, Jan, *Psychedelische Revolutie in de aanbieding (Psychedelische Revolution im Sonderangebot)*, in *PAN-Forum* Ausgabe Nr. 4, Seiten 8 - 12, Oktober 1996.

Siegel, Ronald K., *Intoxication. Life in pursuit of artificial pleasure (Rauschdrogen. Sehnsucht nach dem künstlichem Paradies.* Frankfurt 1995), New York 1989.

Snyder, Solomon H., *Psychofarmaca. Hersenen onder invloed (Psychopharmaka. Gehirne unter Einfluß)*, Maastricht – Brüssel 1989.

Soldaat, Anne, *Gids voor de mind-traveller (Anleitung für den Geist-Reisenden)* in: *Chemisch Weekblad/Chemisch Magazine*, April 1997, Seiten 128 – 129.

Stafford, Peter, *Enzyklopädie der psychedelischen Drogen.* (Dritte erweiterte Ausgabe), Linden 1980.

Stamets, Paul & Chilton, J. S., *The Mushroom Cultivator. A Practical Guide to growing Mushrooms at Home (Der Pilzkultivierer. Ein praktisches Handbuch zum Anlegen einer Pilzkultur im eigenen Heim)*, Olympia 1983.

Stamets, Paul, *Psilocybin Mushrooms of the World (Psilocybinpilze der Welt. Ein praktischer Führer zur sicheren Bestimmung,* Aarau 1999), Berkeley 1996.

Stevens, Jay, *Storming Heaven. LSD and the American Dream (Den Himmel stürmen. LSD und der Amerikanische Traum)*, London 1989.

STRASSMAN, Rick, *Adverse reactions to psychedelic drugs. A review of the literature,* in: *Journal of Nervous and Mental Disease,* 10 (1984), Seiten 577 - 595.

TURNER, D. M., *Der psychedelische Reiseführer,* Solothurn 1997.

VERFAILLIE, Magda, *Zo'n lekker paddestoelenhoekje bij mij thuis. Beknopte paddestoelenteelt handleiding (So'n kleines Pilz-Eckchen bei mir zuhause. Genaues Handbuch zur Pilzzucht),* Amsterdam - Antwerpen 1986.

WASSON, R. Gordon, *Seeking The Magic Mushroom (Auf der Suche nach den magischen Pilzen), Life* (13. Mai 1957).

WASSON, R. Gordon, HOFMANN, Albert & RUCK, Carl A. P., *The Road to Eleusis: Unveiling the Secret of the Mysteries (Der Pfad nach Eleusis: Entschleierung der geheimnisvollen Mysterien),* New York 1978.

WATSON, Cynthia Mervis & HYNES, Angela, *Love Potions (Liebestränke),* Eremy Tarcher/Perigee Books, Los Angeles 1993.

WEIL, Andrew, *The Natural Mind (Der natürliche Geist),* Houghton Mifflin Company, Boston 1972

WIJNGAART, Goof van de, et al., *Sociaal epidemiologisch onderzoek naar de aard, omvang en risico's van het gebruik van XTC(-achtigen) op house feesten (Sozial-epidemiologische Forschung nach Art, Umfang und Risiken des XTC- Konsums auf House Parties)* Utrecht 1997.

WOLFE, Tom, *The electric kool-aid acid test (Unter Strom. Der Electric Kool-Aid Acid-Test.* München 1991), New York 1968.

WOLFF, F. A. de & PENNINGS, E. J. M., Mushrooms and hallucinogens: neurotoxicological aspects. *(Pilze und Halluzinogene: Neurotoxikologische Aspekte)* in: F.A. De Wolff (Hrsg.) *Handbook of Clinical Neurology 21 (65), Intoxications of the Nervous System. Part II. (Handbuch klinischer Neurologie, Vergiftung des Nervensystems. Teil II),* Amsterdam 1995.

GLOSSAR

Alkaloide
Organische Stickstoffverbindungen mit basischem Charakter, die in Pflanzen und Pilzen vorkommen. Alkaloide können eine starke Wirkung auf Menschen ausüben, wie z.B. Nikotin, Koffein, Chinin, Heroin, Kokain und Meskalin. Psilocybin und Psilocin sind die Alkaloide, die für die Effekte psychedelischer Pilze sorgen.

Amanita muscaria
Der Fliegenpilz, der berühmte Pilz mit rotem Hut und weißen Punkten. Sibirische Schamanen benutzten den Fliegenpilz, um in Trance zu geraten. Er verursacht einen deliriumähnlichen Rausch, der völlig anders ist als derjenige psychedelischer Pilze.

Ausflippen
Ein Angst- oder Panikanfall während eines Trips. Während eines Trips können unterdrückte Ängste an die Oberfläche kommen, und der Gebraucher weiß sich keinen Rat. Die denkbar schlechteste Reaktion ist, sich diesen Ängsten nicht stellen zu wollen. Eine solche Reaktion verursacht fast garantiert Ausflippen. Ein anderer Ausdruck hierfür ist *Bad Trip*.

Bad Trip
Siehe Ausflippen

Baeocystin
Eine der Substanzen, die in vielen psychedelischen Pilzen vorkommen. Dass diese Substanz eine psychedelische Wirkung hervorruft, hat sich durch sporadische Versuche als sehr wahrscheinlich herausgestellt. Außerdem im Pilz vorkommend: Norbaeocystin.

Copelandia cyanescens
Offizielle wissenschaftliche Bezeichnung: *Panaeolus cyanescens*. In Smart Shops »Balinese« oder »Hawaiianer« genannt.

Curandera
Spanisches Wort für Medizinfrau.

Curandero
Spanisches Wort für Medizinmann.

DMT
Chemische Abkürzung für N,N-Dimethyltryptamin. DMT kommt in vielen lebenden Organismen vor, z.B. hat jeder Mensch DMT im Körper, auch viele Pflanzen enthalten DMT. Es ist ein sehr stark wirksames psychedelisches Molekül, das auf der Liste verbotener Substanzen steht. Das selbe gilt übrigens für das nah verwandte 5-MeO-DMT. Die Folgerung ist also, dass jeder Mensch das BtMG übertritt.

Entheogen
Ein von Gordon Wasson und Jonathan Ott ins Leben gerufener Ausdruck, der die Bezeichnung »psychedelisch« ersetzen soll. Entheogen bedeutet »das höhere Wesen/das Göttliche in sich selbst erwecken«.

Ethnobotanik
Kenntnis der Rolle, die Pflanzen in den Kulturen der Völker spielen oder gespielt haben.

Ethnomykologie
Kenntnis der Rolle, die Pilze in den Kulturen der Völker spielen oder gespielt haben.

Flashback
Erneutes Erleben von häufig angsteinjagenden Momenten eines Trips. Flashbacks können zu sehr ungelegenen Zeitpunkten kommen, wie z. B. während eines Bewerbungsgesprächs, im Moment des Einschlafens oder nach dem Anzünden eines kräftigen Joints.

Fliegenpilz
Siehe *Amanita muscaria*

Guerilla Farming
Im-Freien-Züchten von Pflanzen und Pilzen, die gesetzlich verboten sind. Der dahinterliegende Gedanke bei Guerilla Farming ist, dass es schlichtweg unmöglich ist, die Natur zu verbieten. Ideale Kandidaten für wilde Pilzzucht sind *Psilocybe cyanescens* und *Psilocybe azurescens*. Diese Pilze wachsen auf Holzspänen und können in Wäldern und vor allem in Parkanlagen verbreitet werden. Ihre Ausbreitung wird durch sehr aggressives Myzelwachstum und starke Sporenbildung außerordentlich begünstigt. Aus der Geschichte gibt es auch weitere Beispiele der Ausbreitung nordamerikanischer Arten, die in Europa weniger Nahrungskonkurrenten haben als in ihrer Heimat.

Inokulieren
Das Aussäen der Pilzsporen oder eine Myzelüberimpfung auf neue Nährböden.

Kakteen
Manche Kakteen werden von Indianern als heilig betrachtet. Der mexikanische Peyotekaktus (*Lophophora williamsii*) ist das *Sakrament* der Huichol- und Tarahumara-Indianer in Mexiko. Peyote ist außerdem das Sakrament der Native American Church, einer christlichen Kirche für die Indianer Nordamerikas. Die Kirchengemeinschaft zählt ca. eine halbe Million Menschen, die jeden Samstagabend getrockneten Peyote konsumieren. Peyote enthält die psychedelische Substanz *Meskalin*, die auch in anderen Kakteen zu finden ist. Der ebenfalls als heilig angesehene San-Pedro-Kaktus aus Peru und eine Anzahl artverwandter Kakteen aus der Trichocereus-Familie enthalten beträchtliche Mengen Meskalin.

LSD
Abkürzung für die deutsche chemische Bezeichnung Lysergsäurediethylamid. Im Sandoz-Labor in Basel, Schweiz, von Albert Hofmann im Jahre 1938 zum ersten Mal aus dem Mutterkornschimmel (*Claviceps purpurea*) synthetisiert. Fünf Jahre später, 1943, entdeckte Albert Hofmann zufällig die psychedelische Wirkung der Substanz.

MAO-Hemmer
Stoff, der das körpereigene MAO-System (Monoaminooxidase) hemmt und damit gewissen Tryptaminen und anderen Molekülen den Weg durch die Blut-Hirn-Schranke ermöglicht. MAO-Hemmer (z. B. Beta-Carboline) sind ein grundlegender Bestandteil der DMT-haltigen Ayahuasca, damit das DMT auf oralem Wege wirken kann.

Meskalin
Psychedelische Substanz, die in verschiedenen *Kakteen* vorkommt und chemisch betrachtet zu der Gruppe der Phenethylamine gehört.

Mykologe/Mykologin
Pilzkundiger/Pilzkundige

Mykophage(r)
Pilzesser

Mykophile(r)
Pilzliebhaber

Mykophobe(r)
Jemand, der Angst vor Pilzen, speziell vor Pilzvergiftung, hat.

Myzelium
Diese netzförmigen Aggregate stellen den eigentlichen Körper des pilzlichen Organismus dar, der Pilz an sich ist als spätes Ereignis der Entwicklung nur die Frucht.

Neurotransmitter
Übertragungsstoff. Eine chemische Substanz im Gehirn, die für das Übertragen von Signalen von einer Gehirnzelle zur anderen verantwortlich ist.

Norbaeocystin
Eine der Substanzen, die in vielen psychedelischen Pilzen enthalten ist. Es ist nicht bekannt, ob diese Substanz eine psychedelische Wirkung hat.

Pharmakologie
Wissenschaft und Lehre von den Heilmitteln und von der Wirkung chemischer Stoffe in lebenden Organismen.

Pilz
Fruchtträger des unterirdischen Myzeliums.

Psilocin
Chemische Bezeichnung: 4-Hydroxydimethyltryptamin (4-HO-DMT). Psilocin ist die hauptwirksame Substanz in den Psilopilzen. Psilocybin (siehe nächsten Punkt) wird im Körper in Psilocin umgewandelt.

Psilocybin
Chemische Bezeichnung: 4-Phosphoryldimethyltryptamin (4-PO-DMT). Phosphorsäureester des Psilocins. Psilocybin wird im Magen in Psilocin umgewandelt.

Psilos
Abkürzung für psychedelische Pilze. Oftmals in der Szene falsch als »Psylos« bezeichnet.

Psychedelisch
Die Seele (»psyche«) offenbart sich (»delein«). Dieser Ausdruck wurde Ende der fünfziger Jahre von Humphrey Osmond erfunden. Von Van Dale wird es als »die Wirkung des Bewusstseins, des Denkprozesses, Veränderung und Erweiterung des Bewußtseins, also halluzinierend« beschrieben.

Sakrament
Im Zusammenhang mit dem Inhalt dieses Buches bedeutet Sakrament eine Pflanze, die als heilig verehrt wird und deren Konsum in einem religiösen Ritual stattfindet. Z.B. der Peyotekaktus (*Lophophora williamsii*) in den Messen der Native American Church, das Ayahuasca-Getränk bei u.a. der brasilianischen Santo-Daime-Kirche und psilocybinhaltige Pilze bei Ritualen in Mexiko (Veladas).

Schamane/Schamanin
Ausdruck für eine Medizinfrau oder einen Medizinmann in der Sprache der ursprünglichen Bevölkerung Sibiriens.

Serotonin
Chemische Bezeichnung: 5-Hydroxytryptamin. Ein Übertragungsstoff im Gehirn, der u.a. eine wichtige Rolle bei der Stimmungsregelung spielt und auch in allen *Panaeolus*-Arten vorkommt, oral aber ohne Wirkung bleibt.

Stechapfel
Wissenschaftliche Bezeichnung: Datura. Der Stechapfel ist nah mit dem mittelamerikanischen Baum Brugmansia verwandt und wird auch u.a. Kratzkraut, Stachelnuss, Teufelsapfel und Dornapfel genannt. Es handelt sich hierbei um eine stark psychedelische Pflanze mit Schattenseiten. Ein paar Teile der Pflanze sind bereits in kleinen Mengen tödlich giftig. Die prächtigen Blumen, die bis zu 20 cm lang werden können, sind verhältnismäßig am wenigsten giftig. Doch garantiert ein Tee, der von nur einer Blume gebraut wurde, einen 12 Stunden langen Trip. Vom Konsum dieser Pflanze sind viele Menschen bleibend verrückt geworden. Der Stechapfel wurde im mittelalterlichen Europa in der Hexerei benutzt. Bis heute werden Stechapfel und

Brugmansia von Zauberern in der ganzen Welt benutzt. Die Zombies in Haiti sind ohne Willenskraft, weil ihnen regelmäßig Stechapfel verabreicht wird. Die wirksamen Substanzen im Stechapfel sind Scopolamin, Hysocamin und Atropin.

Steppenraute
Die Samen der Steppenraute (*Peganum harmala*) enthalten die Alkaloide Harmin und Harmalin. Diese Substanzen sind sogenannte MAO-Hemmer. Sie hemmen die Wirkung des MAO-Enzyms im menschlichen Körper. Das MAO-Enzym baut u.a. die wirksamen Substanzen psychedelischer Pilze ab. Wird das MAO-Enzym jedoch gebremst, kann die wirksame Substanz nicht abgebaut werden. Darum ist ca. ein Viertel der durchschnittlichen Dosierung von Pilzen mit Harmala ausreichend, damit ein voller Effekt erzielt werden kann. Harmala sollte nur nach gründlicher Vorbereitung konsumiert werden. Diese Anwendung ist sicher nicht ohne Gefahr.

Stropharia cubensis
Offizielle wissenschaftliche Bezeichnung: *Psilocybe cubensis*, in Smart Shops auch »Mexikaner« genannt. Diese Pilze werden in vielen Ländern gezüchtet. Ein professioneller niederländischer Züchter meint über *Psilocybe cubensis*: »Es ist der nach dem Austernschwamm am einfachsten zu züchtende Pilz der Welt.«

Substrat
Nährboden

Synapse
Synaptischer Spalt bzw. der Abstand zwischen zwei Gehirnzellen, d.h. das Arbeitsgebiet der *Neurotransmitter*.